Introdução à Astrologia

Rosângela Alvarenga

Introdução à Astrologia

1ª Edição
POD

Petrópolis
KBR
2012

Edição de texto **KBR**
Editoração **APED**
Capa e ilustrações: **arquivo Google**

Copyright © 2012 *Rosângela Alvarenga*
Todos os direitos reservados a autora

ISBN: 978-85-8180-007-3

KBR Editora Digital Ltda.
www.kbrdigital.com.br
atendimento@kbrdigital.com.br
24 2222.3491

120 — Teoria do conhecimento, causalidade e ser humano

 **Rosangela Alvarenga** é carioca, psicanalista e astróloga. Formou-se em Medicina na UFRJ em 1981. Frequentou o Colégio Freudiano do Rio de Janeiro e teve por 4 anos a supervisão do Dr. Eduardo Mascarenhas. De 1984 a 2010 foi titular da coluna de Astrologia do jornal O Globo. Atua como psicanalista e astróloga em sua clínica particular no Rio de Janeiro, dá aulas de Astrologia e publica horóscopos em seu site http://www.astrologiaecia.com.br.

Email: ro.alvarenga@globo.com
Twitter: @HoroscopodaRosa

Nota do autor

Este livro se destina a todas as pessoas que desejam ser apresentadas a uma ciência/arte que responde pelo nome de Astrologia. Posso tentar imaginar seus motivos: pura e simples curiosidade; explicar a si mesmo por que lê o horóscopo de jornais e revistas à procura de uma indicação sobre o que o destino lhe reserva naquele dia; entender a misteriosa linguagem dos astros; porque um amigo contou que fez um mapa astral e ficou sabendo coisas incríveis sobre si ou sua vida; porque quer saber se o seu signo combina com o do seu parceiro, em vista ou atual; ou é um estudioso das coisas ocultas, interessado no autoconhecimento e autodesenvolvimento.

É claro que não cobri todas as hipóteses, e peço compreensão se nenhum desses é o seu caso. Qualquer que seja o seu motivo, tentarei transmitir para você um pouco da minha experiência com a Astrologia.

Sumário

Nota do autor 7
Prefácio à nova edição 11
Símbolos astrológicos usados neste livro 13

Parte I
Preliminares 15
   Capítulo 1 - De onde vem a Astrologia? 17
   Capítulo 2 - A Astrologia e os ciclos da vida 21

Parte II
explorando a intimidade do seu signo 25
   Áries 27
   Touro 31
   Gêmeos 37
   Câncer 41
   Leão 47
   Virgem 53
   Libra 57
   Escorpião 61
   Sagitário 67
   Capricórnio 73
   Aquário 79
   Peixes 85

Parte III
Planetas 91
  Capítulo 3 - A influência dos planetas 93
  Capítulo 4 - Mapa astrológico: o momento do destino 101
  Capítulo 5 - O mistério dos relacionamentos humanos 107

Prefácio à nova edição

Esta é a nova edição do "Iniciação à Astrologia", lançado em 1991 pela Editora Record, selo Nova Era. O livro teve 8 edições até 2006.
De lá para cá, a Astrologia se desenvolveu muito: multiplicou as formas de corroborar ou confirmar previsões, por causa do evento dos softwares de cálculos astrológicos; e expandiu suas investigações, abrangendo e eventualmente especializando a astrologia para outras áreas, como a psicologia, mitologia, cartografia, vocacional, eletiva, horária e várias outras.
Este livro mantém o mesmo propósito do primeiro: uma apresentação ao saber astrológico, contando sua história desde o seu surgimento até os dias atuais. As premissas fundamentais da Astrologia continuam as mesmas, e é delas que se derivam todas as outras, para quem se interessar em aprofundar seu estudo na matéria. É delas que trato neste livro.
Apoio toda a minha atividade astrológica nessas premissas; gosto de conhecer e estar ligada à semente

do que estou estudando, para não me perder mais tarde. Qualquer que seja o caminho que eu tome, sei de onde parti. Para vocês então, com muito carinho, "Introdução à Astrologia"!

Rosangela Alvarenga
Rio de Janeiro, 30 de janeiro de 2012

Símbolos astrológicos usados neste livro

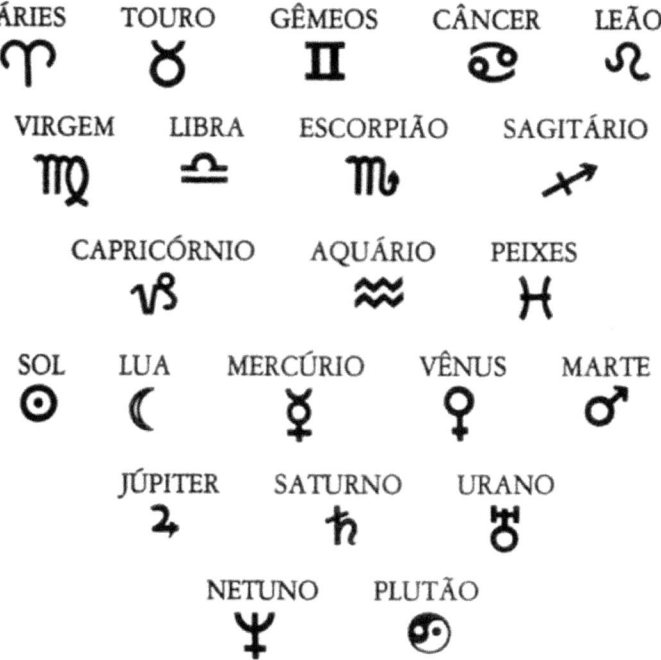

PARTE I
PRELIMINARES

Capítulo 1 - De onde vem a Astrologia?

Em algum momento da história, o ser humano passou a ser realmente *humano*. Isto é, de repente, de alguma forma mágica, deu-se conta de si mesmo e do mundo que o cercava. "Estou nu!", exclamou Adão no Paraíso, simbolizando a sua perplexidade. Nada mais seria como antes. Adão até se arrependeu e tentou voltar atrás, cobrindo o seu sexo com uma folha de parreira... Que bandeira! Enfim, sabemos o resto da história: viu, e estava visto. Não tinha mais jeito. Agora, restava entender. E isso não foi assim tão fácil.

Não havia palavras que pudessem aliviar a angústia do homem primitivo. Hoje, é muito fácil olhar para o céu e dizer: "céu". Mas imaginem a loucura que deve ter sido contemplar um mundo sem nomes! É como contemplar o próprio caos!

Havia, então, apenas Eu (que estava nu) e um montão de não Eus. Ai, que medo! A primeira noite notada, observada pelo Eu recém-nascido, deve ter parecido de trevas sem fim... o inferno — se fosse possível imaginar tal coisa. Eu continuava atento, tremendo, e, de repente, no meio da escuridão, surgem pálidas promessas de luz em algum lugar, ali... o dia: luz à beça, permitindo ver as formas e as cores de tudo.

Sem memória, o Eu achou que estava no que seria o Paraíso. Mas, novamente, a luz esmoreceu, oh não, esmoreça mais, vai escurecer... escureceu. Agora, já há memória, trevas, nosso Eu já as conhecia. E assim, foi ele observando: trevas, luz, trevas, luz.

Passou-se muito tempo. Eras, talvez. Então nosso Eu concluiu, sem palavras, é claro: depois do escuro, vem o claro; depois, novamente o escuro; e assim por diante. Dá para notar quão longo foi o caminho do ser humano para tentar entender o mundo em que habita. Até hoje estamos tentando.

Estudos recentes sugerem que o homem primitivo buscou nos céus a explicação para os fenômenos naturais com os quais tinha que lidar incessantemente: dia, noite, trovões, tempestades, ventos, calor, frio, secas, enchentes. Tentava, provavelmente, encontrar algo que se repetisse, para ter uma referência, alguma regularidade no meio do caos aparente. Reiterando este ponto de vista, foram encontradas inscrições ósseas do período glacial que sugerem que há 32 mil anos os homens já tinham consciência da periodicidade lunar (fases da Lua). Além disso, existem cartas estelares egípcias datadas de 4200 a.C..

Mais recentes são os fragmentos de documentos que sobreviveram ao reinado de Sargão de Alekad (2870 a.C.), mostrando que se faziam predições de acordo com a posição do Sol, da Lua, dos cinco planetas conhecidos e de uma massa de fenômenos, inclusive cometas e meteoritos.

Supõe-se que a Astrologia tem sua origem na Suméria, por volta de 3000 a.C.. A palavra Astrologia tem origem grega: é formada a partir de *aster*, astro, e *logos*, discurso, relato, razão, definição, faculdade racional, proporção.

A Astrologia foi originalmente concebida pelos sumerianos, provavelmente na cidade de Ur — que se supõe ter sido a pátria de Abraão —, fundada no 4º milênio a.C. por um povo do norte da Mesopotâmia.

Os sumérios tinham grande interesse na observação do céu, que lhes parecia uma grande abóbada de veludo negro onde as estrelas estavam fixas, como enfeites de brilhantes. Notaram, no entanto, que, além do Sol e da Lua, cinco estrelas apresentavam um movimento mais rápido do que as demais: eram os planetas Mercúrio, Vênus, Marte, Júpiter e Saturno. Estes sete corpos celestes recebiam atenção especial. Os sumérios analisavam suas posições no céu e acreditavam que sua disposição era obra dos deuses, para benefício da humanidade.

Mais tarde, os caldeus desenvolveram a Astrologia para a forma como ela é hoje conhecida, e que permaneceu séculos sem muitas alterações nas suas premissas básicas. As estrelas foram agrupadas em constelações para servirem como marcadores do movimento dos planetas. O Zodíaco, ou Caminho de Anu, era a rota seguida no céu pelo Sol, Lua e planetas, sempre pela mesma massa de estrelas — as constelações zodiacais. A divisão do Zodíaco em doze partes talvez tenha vindo da divisão do dia em 12 partes feita pelos caldeus, cada uma com duração de duas horas.

Em meados do séc. IV a.C., a Astrologia passou a se espalhar pela Grécia. O livro *Babyloniaca*, escrito em grego pelo astrólogo caldeu Beroso, aproximadamente

em 280 a.C., foi o maior responsável por essa divulgação.
Na passagem da Idade Média para a Idade Moderna ocorreu o que se convencionou chamar a Revolução Científica. Nesse período, o homem se descobriu construtor de seu próprio universo, e a visão medieval de um mundo controlado por deuses caiu por terra. Mais tarde, com a descoberta de que era o Sol, e não a Terra, o centro em volta do qual transitavam os corpos celestes, a Astrologia e a Astronomia iniciaram uma inevitável separação.

Com o crescente interesse pelo método científico de investigação, que é indutivo e dedutivo, a Astrologia começou a ver seu prestígio declinar, pois suas premissas não são passíveis de verificação pelos métodos científicos. Não podem ser reproduzidas em laboratórios.

Por muito tempo, a Astrologia recebeu o estigma de "não científica", um conhecimento com raízes no passado místico e supersticioso do homem. Enquanto a ciência oficial desvendava cada vez mais os mistérios do universo físico, a Astrologia insistia em interpretar os acontecimentos celestes mais ou menos dentro dos mesmos moldes de um passado remoto. Nem mesmo a descoberta de ser o Sol, e não a Terra, o centro do sistema abalou as interpretações dos astrólogos.

Apesar de sua antiguidade, as premissas astrológicas *ainda* não podem ser comprovadas cientificamente. É paradoxal que apenas recentemente, a partir do final do século XX, alguns cientistas tenham voltado a sua atenção para os fascinantes padrões de comportamento rítmico e cíclico demonstrado pelos homens, pelos animais e por toda a natureza. E é justamente neste caráter cíclico da existência que estão fundamentadas, desde o início, as bases do saber astrológico.

Capítulo 2 - A Astrologia e os ciclos da vida

Além dos primeiros ciclos dos quais a Astrologia se deu conta — dia e noite, estações do ano e fases da Lua —, agora conhecemos os ciclos cerebrais, hormonais, de atividade cardíaca, de sono e vigília. Foram descobertos, nas ações hormonais e glandulares, padrões de fadiga e restabelecimento, de tensão nervosa e relaxamento. Em outro nível, sociólogos, economistas, antropólogos e ecologistas detectaram em grandes grupos e sociedades ciclos adicionais, cuja periodicidade pode variar de segundos a décadas.

Todos esses ciclos parecem ser regulados por "relógios" ocultos; e também uma interação de uns com os outros pode ser observada. Existem organizações especializadas em estudos de ciclos, dedicadas a estabelecer padrões de estatística de vários tipos, estudos que às vezes chegam a resultados surpreendentes, a ponto de o presidente de uma dessas fundações ter declarado que a humanidade parece estar sujeita a forças imensas, talvez cósmicas, que determinam suas ações e que essas forças parecem determinar períodos de prosperidade e depressão — altos e baixos, não somente na produção agrícola, mas também na mineral e na industrial, controlando os índices de juros e até as cotações do mercado de capitais!

Está ficando cada vez mais claro que todas as coisas estão de certo modo ligadas ou relacionadas, e que ao se estudar um fenômeno isolado, em condições não naturais, pode-se obter apenas resultados parciais. A tendência mais atual do pensamento humano é considerar o Universo como um todo, com suas partes em constante interação, onde qualquer evento repercute sobre todas as partes com maior ou menor intensidade.

Assim, já não fica tão difícil considerar que determinados eventos celestes possam entrar em ressonância com as questões aqui do nosso mundinho... Mas isso ainda é uma questão para o futuro. Por enquanto, os astrólogos modernos ainda se baseiam nas antigas "simpatias" e métodos analógicos, enriquecidos pelo aprofundamento do estudo da natureza intrínseca de todo e qualquer ciclo.

Mesmo sem o vasto conhecimento de que toda a nossa cultura contemporânea dispõe, os primeiros astrólogos chegaram a conclusões surpreendentes, seguindo o caminho da simplicidade. Observando o céu, eles logo perceberam os padrões cíclicos mais evidentes. Notaram que algo que começa está sempre... começando. Se está no apogeu, na maturidade, é porque já começou. E se está em declínio, é porque já houve começo e apogeu.

Agora, vamos juntos: o início de toda e qualquer coisa depende de um potencial muito grande de energia concentrada para deflagrá-lo, vencendo a inércia (tendência a se manter parado). E tudo o que chega ao seu máximo tende a estabilizar-se momentaneamente para, em seguida, começar a declinar.

A natureza intrínseca dos ciclos é expressa com poesia e precisão no *I Ching,* livro que resume grande parte da ancestral sabedoria chinesa. Não é porque o homem estava nos primórdios de seu desenvolvimento que lhe faltava inteligência ou perspicácia.

Os primeiros astrólogos tomaram como referência o ciclo aparente do Sol em torno da Terra — aparente, mas mensurável, na época. O ponto de partida ficou sendo o famoso Ponto Equinocial, que inaugura a primavera no hemisfério norte e o outono no hemisfério sul, e o ciclo foi dividido inicialmente em quatro partes: início, apogeu, declínio e queda. Posteriormente, cada parte foi dividida em três, representando a transição de uma fase para outra; o Zodíaco ficou divido, portanto, em doze partes iguais, que são os signos.

Na Babilônia, as constelações deram seu nome ao setor onde se localizavam na época das primeiras observações do céu. Por causa de um fenômeno chamado *Precessão dos Equinócios* — segundo o qual o movimento de pião do eixo da Terra faz com que, a cada ano, o instante em que o Sol cruza o equador celeste aconteça cerca de 20 minutos mais cedo em relação ao ano anterior[1] —, os signos hoje em dia não correspondem mais às constelações que os nomearam.

Cada setor do ciclo, ou seja, cada signo, traz as características da sua posição.

---

[1] Acumulados ao longo de 2 mil anos, esses 20 minutos anuais correspondem a aproximadamente um mês. É por isso que hoje, quando acontece o início da primavera, o Sol está passando pela constelação de peixes, e não mais pela de carneiro, como acontecia na Antiguidade. Fonte: http://revistagalileu.globo.com/Galileu/0,6993,ECT900784-1941-3,00.html

PARTE II
EXPLORANDO A INTIMIDADE
DO SEU SIGNO

Áries

de 21 de março a 20 de abril

Áries é o primeiro signo, o que começa, o que detona, o que dá o primeiro impulso que fará girar a roda da existência, daquilo que está vindo a ser. Todo mundo sabe que esse primeiro impulso precisa ser o mais forte, decidido, objetivo. Há que se empregar um grande esforço para empurrar um carro enguiçado, tirar a tampinha de um refrigerante, dar as primeiras pedaladas na bicicleta. Depois, fica tudo mais fácil.

Começar não é fácil. A gente pensa na melhor maneira, no melhor ângulo, nas palavras mais adequadas. Se a exigência for grande demais, não se começa nunca. Por isso, o início tem sempre algo de provisório, sem muita sofisticação. Num determinado momento, a gente decide começar, de qualquer maneira. O refinamento e o aperfeiçoamento vêm depois. E assim é o caráter dos arianos.

O espírito das arianas e arianos (a partir de agora me refiro a eles só no masculino, como gênero neutro) tem as características necessárias aos pioneiros. A primeira delas é a coragem, pois que sem coragem a gente nem se levanta da cama todas as manhãs. Segue-se a audácia, e certa humildade para aceitar o fato de não se poder ser perfeito desde o começo. A autoconfiança é também necessária para suportar as críticas, que fatalmente vêm atingir a pessoa que toma a iniciativa e age — e sempre poderia ser melhor, é claro.

Considere, por exemplo, uma criança que está se afogando. O ariano, que tem a mente instintivamente rápida, calcula os riscos, o tempo e a distância numa velocidade indizível, mergulha e a salva. Chegando à margem, deixa que outros cuidem de reavivá-la, já que ele poderá talvez ter apertado demais o pescoço da criança acidentada. Mas nada disso é mais problema dele. Fez a sua parte e está muito tranquilo com relação a isso.

O ariano gosta de ser herói, de fazer alguma coisa muito difícil ou que ninguém ainda fez. Como as crianças, os bêbados e as bestas, sente, muitas vezes, que é protegido pelos deuses,. Alguma coisa em seu coração o faz crer que é um recém-chegado neste mundo, neste mundão de Deus, e por isso ainda lhe resta alguma inocência protetora — que faz com que o ariano não goste de mentir. A mentira dá muito trabalho para evitar que seja descoberta, e além disso dá a ele a sensação de estar desprotegido: o ariano não gosta de perder tempo controlando as consequências dos seus atos.

Dizem que o ariano é egoísta, que não presta atenção no que os outros dizem, nos problemas das pessoas. Que leva a vida sem olhar para os lados e não dá valor ao passado, mas não é verdade. O egoísmo aparece em qualquer signo que se sinta espoliado, roubado, carente; e fica com a boca aberta, à espera, achando que é dever dos outros nutrir a sua falta e aliviar suas dores. O ariano, por sua própria natureza, tem um vigoroso impulso para frente. Não pode se enredar nos novelos psíquicos de quem está às voltas com seus desejos, culpas e repressões, nem participar de projetos arquitetônicos complexos como a nova pirâmide de Quéops. Não tem tempo para isso.

Nosso herói, embora resista bem à dor física, tem medo de dentista. É um romântico incurável e persistente; às vezes tem medo do escuro e detesta histórias de terror. Não foge de briga, mas sente-se magoado pela violência nascida dos obscuros sentimentos de inferioridade. Ama o amor por ser uma grande aventura, e acredita que aventuras podem durar, até que a morte lhes dê um fim digno.

O ariano é o número 1, o primeiro. Qualquer ariano é naturalmente competitivo e faz questão de estar em primeiro lugar. Não que seja especificamente ambicioso, no sentido de se empenhar obstinadamente na luta pelo poder, dinheiro, prestígio ou outras coisas que fazem com que uma pessoa se destaque no padrão social. O que ele quer, e quer muito, são as coisas que muito pessoalmente considera importantes, desde ser o primeiro no coração das pessoas que ama até possuir o carro mais veloz (eles adoram automóveis) e a moça que namora o gato mais disputado da redondeza.

Tudo no signo de Áries tem algo de precoce, precipitado, precedendo os demais. Geralmente amadurecem sexualmente antes da média das pessoas — um fato que talvez tenha relação com sua tendência à baixa estatura —, e não são poucas as histórias de arianas e arianos que saíram cedo de casa, casaram cedo ou tiveram filhos no início da juventude. O sexo, aliás, é muito importante para esse signo, por ser um dos canais de escoamento para sua grande energia. O homem geralmente é muito atraente, pelo traço marcadamente masculino de seu comportamento. Porém, pelo menos os mais jovens, correm o risco de não satisfazerem suas parceiras, pela rapidez e certo egocentrismo com que executam o ato sexual. Para as mulheres, o signo traz uma vantagem: não ficam passivamente esperando que o outro lhes dê prazer — vão elas mesmas buscá-lo. E tudo isso sem abrir mão de sua feminilidade.

Ariano é mandão e brigão, diz o refrão. Mandão, porque decide o que quer antes dos outros e, por consequência, sua opinião parece sempre prevalecer. E brigão, porque não tem papas na língua quando se trata de defender o que considera ser o seu espaço, às vezes com veemência excessiva.

Entretanto, não é difícil convencê-lo de que está errado, quando for esse o caso. Ele aceita sem rancores. Guardar mágoas, aliás, não é muito do seu feitio — mágoa dá trabalho e tira energia, e o ariano, apesar de muito ativo, é também muito preguiçoso... Uma preguiça principalmente com relação às coisas que não fazem parte de seus importantíssimos interesses.

Esse desbravador, explorador e pioneiro não prima pela paciência e é falho na diplomacia: um aventureiro não tem tempo para essas coisas, nem numa selva de verdade, nem na selva da vida doméstica, ou quando enfrenta o tédio cotidiano.

Touro

de 21 de Abril a 20 de Maio

Govinda é um dos nomes atribuídos ao deus hindu Krishna, e significa, literalmente, vaqueiro, "o dono da vaca" — o dono do mundo, o dono da riqueza. E por que o signo de Touro não é o signo da Vaca? Tenho a impressão de que, enquanto a vaca representa, desde a antiguidade, a riqueza do mundo, o touro simboliza o dono de tal riqueza, o que faz toda a diferença. É certo que o touro e a vaca, sua consorte, compartilham muitas características, assim como o homem e a mulher. São da mesma espécie, farinha do mesmo saco. Mas o Touro é aquele que possui.

    A pessoa do signo de Touro é bela e harmoniosa, se não na aparência física, pelo menos nos gestos, na maneira de se mover, no olhar, na voz. Em condições normais de temperatura e pressão, a atmosfera em torno dela é sensual, gostosa, transmite uma placidez, firmeza e estabilidade que nos dá vontade de abraçá-la, principalmente quando estamos inseguros ou carentes. Touro normalmente não é muito de falar, então falamos nós. E ele escuta, com uma expressão benevolente e receptiva que faz com que nos sintamos acolhidos. Seu gosto por coisas sólidas, duradouras e confiáveis faz com que quando o procuramos ele sempre esteja lá, no seu lugar. Touro é fiel, a si mesmo e às suas coisas (e isso inclui as pessoas) — firme como uma rocha.

Touro gosta de segurança, conforto e tranquilidade. Detestaria ter que passar a vida correndo para lá e para cá, agitado, descobrindo um santo para cobrir o outro. Por isso o assustam as mudanças, com a inevitável instabilidade que acarretam Então ele vai, pacientemente, construindo o seu patrimônio de coisas materiais e imateriais, com a perseverança e o trabalho que forem necessários para garantir o seu sossego, sossego nem sempre possível, principalmente se o taurino for muito teimoso.

E teimoso sabemos que ele é, contanto que não exceda a justa medida de suas qualidades; que sua necessidade de segurança material não o leve à ganância, ao acúmulo de bens, de dinheiro, de pessoas e quilos de gordura que terá dificuldade de administrar. Essa ganância, quando aplicada às pessoas, é uma de suas maiores fontes de problemas: quando ama, o taurino, pode pensar que é dono daquele que é amado por ele. Afinal, ele oferece um amor ardente, fiel, recheado de cuidados e bons presentes, e um desejo sincero de que seja eterno. Logo, de que mais aquela pessoa precisa?

Tanto no amor quanto nos negócios, a pessoa do

signo de Touro precisa de garantias, para poder confiar tranquilamente que não terá surpresas desagradáveis no futuro. E como o futuro a Deus pertence, chegará o doloroso momento da desconfiança, que fará despertar em suas entranhas o fantasma do ciúme — um dos mais graves.

Geralmente começa com um mau humor, uma cara fechada da qual nasce uma tromba que vai até o pé: um péssimo sinal. Este primeiro estágio é o da acumulação de raiva. Se lhe perguntarem alguma coisa, grunhe que está tudo bem. No segundo estágio, vem a explosão da fúria taurina — desencadeada por qualquer motivo fútil, parece um terremoto: a raiva é cega e a voz parecida com a de algum demônio da Idade Média.

Um amigo taurino me disse uma vez que se sentia um touro de olhos vazados, correndo a esmo pelo campo, tentando exorcizar a sua dor. É... a famosa raiva taurina não é brincadeira, não. E assim como demora a explodir, demora a se acalmar. Os olhos injetados de sangue custam muito a readquirir sua mirada plácida e dócil, e isso só acontece depois de firmes e contundentes provas de amor. Eu não disse palavras: disse *provas de amor*.

A pessoa de Touro é forte, física e espiritualmente, embora não seja especialmente ligada às coisas abstratas. Confia muito em sua capacidade de trabalhar, perseverar e prosperar. Touro é um signo muito fértil. A semente que cair em sua mão tem uma grande chance de se transformar numa planta saudável e robusta. Touro gosta de dar vida, fazer crescer.

Houve uma vez um pesquisador japonês que encontrou uma semente de lótus fossilizada. Com muita técnica, paciência e perseverança, fez a semente germinar, até que deu uma linda flor rosa. Fosse um taurino, teria transcendido a questão da posse e ficado feliz para sempre — mesmo quando a flor feneceu, ele já obtivera algo que ninguém jamais poderia lhe tirar: seu trabalho e sua arte. E por isso encontramos tantos taurinas e taurinos ligados às artes: dão forma estável à harmonia, formas transcendentes, embora às vezes um tanto efêmeras, mesmo que ninguém as possa lhes tirar.

Aliás, justiça seja feita: muitos taurinos que estão engordando sua conta bancária (e seu próprio corpo) sabem, instintivamente, o que vem a ser a riqueza — ela habita as coisas materiais, que, num prazo maior ou menor, são irremediavelmente perecíveis; ela habita a matéria, mas não é a matéria.

Vou dar um exemplo simples: certa vez, num domingo chuvoso, eu e um grupo de pessoas estávamos condenados a assistir na televisão a um jogo de futebol sem a menor importância. Estávamos resignados, mas, entre nós, havia uma amiga taurina, que, simples como a natureza, produziu uma cerveja com azeitonas e queijo, sugeriu que assistíssemos ao jogo sem som, ouvindo música, e teve a habilidade mágica de transformar o tédio numa tarde excitante, com boa comida, boa bebida e boa conversa: extraiu do nada a riqueza e a fartura. Esta é, aliás, a magia de Touro, signo que tem estreita ligação com a natureza, sabendo usufruir da extrema potência de prazer que a Terra pode nos dar, que a vida pode nos dar.

Mas vale uma última advertência: Touro tem uma tendência a amar tanto o que possui, o que adquiriu merecidamente, com trabalho, que pode se deitar sobre seus louros e tiranicamente tentar impedir que algo mude. Deve aprender com a própria natureza que tudo está em mutação, assim como ele mesmo ou sua própria vida. A passividade e a inércia, juntas, constituem o segundo fantasma que assombra esse signo, tão perigoso quanto a fúria e o ciúme. Grandes figuras da história do mundo sucumbiram a ele.

A vida, que diz respeito especialmente ao signo de Touro, segue em espirais infinitas. Mas espirais não são quadrados, nem uma linha reta — as mudanças são necessárias. Sem pressa, é claro, num ritmo Zen.

Gêmeos

de 21 de maio a 20 de julho

Gêmeos está na moda, e não estou me referindo à maneira de vestir, nem ao seu gosto pessoal; mas todo geminiano sabe quando o que está se ouvindo é *funk*, *rock* ou baladas dos anos 1960.

Garanto que quando apareceu o *kiwi*, aquela fruta exótica, marrom por fora e verde por dentro, a maioria dos componentes da primeira leva de compradores ou provadores pertencia ao signo de Gêmeos. Não que o geminiano seja um *gourmet* — ele nem liga muito para comida, mas vai colocar uma novidade no seu prato, num evento social, mesmo que seja só para constar que está sempre por dentro. Isso é importante para ele: ser moderno, jamais estar atrasado com relação aos últimos lançamentos. Gêmeos adora inovação, variedade, movimento. Adora experimentar, testar, conhecer. Um geminiano precisa, no mínimo, saber dos mais recentes acontecimentos no ambiente que a sua cultura alcança.

Se estiver vivendo na roça, ele sabe que aquele trator já era, ficou obsoleto. Ouviu dizer ontem, conversando com amigos, que está para ser lançado um novo modelo utilizando a mais alta tecnologia, para facilitar mais ainda o trabalho do operador, e mais simples de manejar do que o antigo! Impressionante! E, mesmo que não faça nada com essa informação, ele precisa dela, pelo menos para contar para todo mundo.

Se estiver vivendo na cidade, é para um geminiano ou uma geminiana que devemos perguntar o que está *in* ou *out* nas listas de futilidades sociais do momento — por sinal, nada tenho contra as futilidades, são elas que dão cor à vida, movimento e assunto para conversa.

O geminiano, aliás, adora conversar. Gosta tanto de falar que para não perder o papo trata logo de se inteirar, ainda que meio superficialmente, de assuntos variados. Além disso, é bem maleável quando está conversando. Se o assunto mudou, ele faz a curva e vai em frente. Só se chateia quando é obrigado a ouvir aquelas pessoas que só falam do que conhecem profundamente, fazem longos discursos e cujo ritmo de pensamento é difícil interromper. Eles até que têm razão: essas pessoas costumam colocar em risco o gosto de um bate-papo, e ainda ameaçam seus interlocutores com uma sinistra sonolência. Mas, como o geminiano tem sempre muitas cartas na manga, ele dá logo um jeito de fazer graça e descontrair novamente o ambiente. E se o caso for mesmo irrecuperável, ele sai à francesa e vai procurar outra turma.

Gêmeos é inteligente. Sua mente é astuta, curiosa, prática. Por tudo isso, o geminiano é um excelente entrevistador. Sabe buscar as peças que estão faltando para fechar o sentido de alguma história, algum conceito, alguma notícia.

Quando vejo na TV — Gêmeos adora siglas — aquele bolo de repórteres em torno de algum figurão, fazendo suas perguntas em meio a empurrões, palavrões, fingiu-que-não-escutou e berros dos outros jornalistas, sempre me lembro do signo de Gêmeos. Na maioria das vezes, o entrevistado está falando por metáforas ou fazendo rodeios metafísicos, lançando mão de chavões e padrões, ou simplesmente usando uma retórica pouco acessível ao grande público — "nós (raramente dizem "eu") já estamos fazendo os contatos adequados para iniciar a tomada urgente de providências, no mais curto espaço de tempo, de modo a atender imediatamente as prioridades e blablablá..." — e os repórteres perguntam o que nós, todos nós, queremos saber, "Que contatos são esses?", "Quanto tempo é o curto espaço de tempo?", "Quais são as prioridades?" etc., tentando extrair o que de fato está acontecendo por trás daquele castelo de palavras.

O bom perguntador nem sempre é um bom respondedor. Uma graciosa geminiana pode estar descrevendo as maravilhas de um período que passou na Índia, as peculiaridades da mística sociedade indiana, o jeito de se viver por lá, as paisagens, a religião, fazendo parecer que morou lá por pelo menos dez anos, que na verdade podem ter sido apenas dois meses... Gêmeos é capaz de associar rapidamente, e com precisão. As informações estão soltas na sua mente, à disposição. E no meio da sua história interessantíssima, cheia de lances engraçados, alguém que pode não estar se divertindo, algum realista excessivamente amargo, ou um vaidoso que não está tendo oportunidade de falar, resolve cortar aquela onda com o mesmo feitiço: perguntas específicas e objetivas. Se o papo estiver muito bom, o geminiano mente, exagera, em prol da diversão, do entretenimento. Ele, como ninguém, sabe que a vida tem passagens muito chatas, e não custa nada lhes conferir um pouco de charme e mistério.

No amor, dizem que Gêmeos é inconstante e superficial. Também, tem tanta gente interessante no mundo... Como será que ele beija? E aquele? Será que é carinhoso? Ah, se eu pudesse entrar na sua vida... Cada pessoa é um universo de peculiaridades, e o geminiano não consegue resistir à curiosidade. Ao mistério, então, nem se fala! Os geminianos cercam as pessoas misteriosas quase com devoção, com tudo que for necessário. É preciso desvendar aquela coisa tão atraente que está por trás daquele ser humano, contanto que o misterioso não seja burro... Isso parte o coração de geminianos e geminianas! *Mas então o mistério e o silêncio ocultavam apenas burrice? Mente estreita? Sentimentos obscuros e pouco explicáveis? Que decepção...*

Mas, ao mesmo tempo, que vitória. "Descobrimos", diz um Gêmeos para outro, "na mesma pessoa, que o ouro era um latão de última categoria, falso mistério..."

Por tudo isso, podemos concluir que Gêmeos é um signo sociável, comunicativo, tem senso de humor, é adaptável, inquieto, um tanto dispersivo, e tem, às vezes, graciosas covinhas nas bochechas ou no queixo.

Câncer

de 21 de junho a 22 de julho

Câncer é a mãe. Não há como falar de Câncer sem falar do nosso passado, das nossas origens. O signo de Câncer é tradicionalmente associado ao sonho, à irrealidade, ao fantástico, ao lunático, à loucura, às quimeras, aos caprichos e sortilégios, ao poder do oculto. Todos têm razão: tudo isso é muito canceriano.

    Entretanto, Câncer é um signo muito ambíguo — me dá vontade de pôr reticências no fim de cada frase... —, um signo psíquico: o tema em questão faz parte do mundo da alma. Pode-se dizer que é o signo de Câncer que nos concede a alma, ou que ele existe porque possuímos uma alma.

    Baixando a bola, Câncer, como todos os signos de

água, é aquele que trata direto com a emoção, que tem como função a proteção pura e simples do ser — ser humano, no caso. Que paradoxo! Pois é. A emoção visa à proteção e à manutenção do ser vivo.

Falando da maneira mais prática possível, Câncer trata da nossa sobrevivência — palavra horrorosa e assunto pouco nobre. Nossa prioridade, porém, é precisamente esta: sobreviver. Depois disso podemos ser brilhantes, importantes, geniais. Mas, primeiro, precisamos ter medo do fogo e da água fria; precisamos comer. Nosso mundo emocional não pode implodir a qualquer pequena contrariedade: temos que suportar as leis e a solidão... as perdas, as frustrações.

Logo após o nascimento — um acontecimento violento, depois de uma vida uterina tão plácida —, procedemos vitoriosos à primeira inspiração, que marca nossa chegada a este mundo, meio cegos, meio surdos e completamente mudos, quer dizer, não exatamente mudos, mas ainda sem linguagem, nos expressando apenas com berros. Daí para frente, temos que nos manter vivos. A carinha redonda, os olhos enormes e os trejeitos imitando os humanos já ajudam muito: são muito sedutores, inspirando os cuidados dos que são responsáveis pelos recém-chegados.

Em total desamparo, a pobre criança vê sua Mãe pela primeira vez — Deus, ou algo parecido. Quando sente uma dor estranha na barriga, um líquido doce e quente penetra garganta abaixo. Quando dói a solidão, uma massa quente o abraça... Ah, que bom! Mas não estamos aqui para falar das aventuras de um bebê. Para isso, existem livros especializadíssimos: no nosso caso, foi só para ilustrar a psicologia que move o signo de Câncer.

O canceriano é como o bebê e sua mãe. Sobreviver

é seu lema, e sobreviver a qualquer custo. O caranguejo é um símbolo muito adequado para este signo, pois lembra eras arcaicas — a carne tenra dentro de uma casca dura. E, se for necessário, anda para trás. Possui "braços" que parecem tenazes, e quando agarram alguma coisa não há quem os faça largar.

O canceriano é intuitivo e instintivo. Sabe que não pode sobreviver sozinho, precisa pertencer a uma família, uma tribo, uma galera unida por laços de sangue, para que todos se protejam uns aos outros: um por todos, todos por um. Minha tribo. Para qualquer canceriano, existe a tribo dele e os outros. Naturalmente, para os meus, tudo: perdão, compreensão, conversas profundas; já para os outros, a Lei.

A palavra-chave do signo de Câncer é intimidade. Sim, porque a intimidade garante vínculos emocionais fortes entre as pessoas, vínculos difíceis de romper, como os familiares, por exemplo. Muitos pais revelam que não deixam nunca de se preocupar com seus filhos, mesmo quando eles já são adultos e têm seus próprios filhos.

O canceriano vive intensamente o seu mundo emocional. Para ele, ser aceito ou rejeitado, ficar zangado, magoado ou comovido faz parte de seu cotidiano com destacada importância: é o tal do mundo da Lua, em que dizem que ele vive. E, naturalmente, seu estado emocional interfere em suas ações: o canceriano muda de humor com muita facilidade — o mundo psíquico é fluido e plástico, uma emoção pode se transformar em outra, e mais outra, assim, seguindo estímulos externos ou internos. Quer dizer, ele está feliz, mas percebe que alguém não lhe deu a atenção esperada. *Por que será? Será que está zangado comigo? Não gosta mais de mim? Será que fiz alguma coisa de que ele não gostou?*

Enquanto se preocupa, seu semblante vai ficando

mais sombrio,; mas então ele se lembra de que seu irmão chega hoje de viagem, vai ter uma festinha à noite. Levanta o rosto e dá um simpático bom-dia para o vizinho.

Como, de certa maneira, o canceriano está sempre se protegendo, sua ação não é muito aberta, não escancara logo o que ele quer ou o que pretende. E tampouco avisa logo se não está gostando de alguma coisa. Sua ação é sutil, porém persistente e tenaz. Quando ele quer alguma coisa, saiam da sua frente!

Um canceriano não respeita muito as leis externas do mundo, feitas pelo homem, mas obedece as antigas leis do bom senso e da Natureza. Instintivamente, é claro. Não quero dizer com isso que cancerianos e cancerianas avancem sinais ou soneguem o imposto de renda mais do que os outros — até fazem tudo direitinho, para não correrem o risco da punição. De loucos não têm nada, são até muito práticos. Mas se o vizinho reclamou do seu filhinho, ele não tem dúvidas: é o vizinho que está errado, e fim de papo.

Se a mãe canceriana não quer que seu filhinho viaje para longe, ela é capaz de ficar doente para impedi-lo. De verdade. Ou, então, diz: "Pode ir, meu filho, mas é possível que você não me encontre mais aqui, na volta. Meu coração não anda muito bom, e com esse aborrecimento..."

Foram os cancerianos que inventaram a chantagem sentimental: usam e abusam desse recurso com muita arte, são mestres em comover as pessoas. Conhecem os pontos fracos do outro, que são mais ou menos os mesmos para todo mundo, e por ali apelam. Podem ser grandes poetas e exímios contadores de histórias.

Outro ponto forte dos cancerianos é a sedução. Com o olhar expressivo e carregado de emoção, conseguem convencer um grande número de pessoas a fazer exatamente o que eles querem. Este artifício, porém, não dá muito certo no mundo áspero da competição profissional. Aí, a intimidade não é possível, os relacionamentos são formais e todo mundo usa uma couraça para enfrentar a batalha. Não seja por isso: em matéria de couraça, o canceriano também é mestre; meio magoado, veste a armadura e vai à luta.

Sua memória é boa. Quem pisou no seu calo ou o humilhou um dia, vai levar o troco. Mesmo que demore muito, muito tempo. E a vingança canceriana é a pior possível, porque ele não fica atento, esperando o outro falhar, observando, não. Ele segue, confiante nos ciclos da Natureza, até que, de repente, aquela pessoa maldita precisa dele. Ele, então, vira-lhe as costas com naturalidade.

Não se pode dizer, no entanto, que seja vingativo. O canceriano está preocupado com as coisas básicas, essenciais e primordiais da vida. As questões sociais que o movem são a fome e as crianças abandonadas, claro: ele conhece como ninguém a importância da alimentação, da boa alimentação. E também a importância da nutrição afetiva — sabe que a fome e o desamor, podem podar a vida em seus primórdios, ou deformar um ser humano ainda em crescimento. Por mais rico que seja, parece ter conhecido essas carências no fundo de sua barriga: ou de fato as conheceu, ou sua memória arcaica o ajuda.

É por isso que todas as outras sofisticações, necessidades e desejos lhe parecem banais, nada mais que roupagens para essas carências básicas. E o canceriano não gosta que reclamem de barriga cheia. Quando ele parece reclamar, não é bem isso: está só resmungando, por puro hábito.

Leão

de 23 de julho a 22 de agosto

Leão é o signo do amor, aquela energia que brota de dentro do coração e dá sentido à vida. Amar é diferente de gostar, sentimento que nasce das afinidades. O amor é diferente do tesão, que nasce da atração entre opostos; é diferente da paixão, que nasce das projeções de nossa alma sobre a pessoa do outro.

O amor é solar. O Sol vive para brilhar, muito naturalmente. Assim como a pessoa do signo de Leão. O amor se dá. Assim também o leonino: extravasa, dá o que tem de melhor, e dá porque tem, tem de sobra. Mesmo que seja um leonino tímido.

Se a vida não foi muito receptiva e acolhedora, pode parecer menos expansivo do que o leonino mais à vontade no mundo, mas, de qualquer maneira, observando bem, você encontra aquela pura generosidade — uma coisa comovente, mesmo, este dar sem cobrar. De repente, você chega à sua mesa de trabalho e lá está um lindo presente; ao abri-lo você se lembra de que um dia comentou que gostava daquilo: o leonino vai gostar de estar por perto, para ver a alegria no seu rosto.

Que barato! Seu dia já virou uma festa, e olha que nem era seu aniversário! Se você não gostou, tudo bem, ele vai pensar numa coisa melhor, porque não lhe agrada sentir-se ofendido, abrigar sentimentos dolorosos, ruins, pensar em coisas desagradáveis: o leonino prefere descartar logo as possibilidades desagradáveis e seguir em frente.

É difícil um leonino se magoar, porque ele se acha o máximo. Gosta de ser reconhecido, admirado, amado. Quando está equilibrado, nenhuma baixeza o atinge. Se alguém lhe diz que ele é um zero à esquerda, que o que ele pensa não passa de lixo, ele simplesmente desconsidera aquela pessoa como uma idiota, uma pobre-coitada.

Porém, se acontece de ele não estar seguro de si por não estar conseguindo ser o que é, e principalmente se acreditar que está vivendo abaixo de suas possibilidades, a mágoa é profunda, e pode mergulhá-lo em depressões arrasadoras. Seu entusiasmo, que nasce da autoconfiança e autoadmiração, é o motor de sua vida, o termômetro de sua felicidade. Quando entusiasmado, é um grande empreendedor. Aí, vai fazer e acontecer, estará sempre pensando em produzir alguma coisa, será uma usina de ideias, uma fábrica de disposição. E concretizará seus sonhos, porque o produto — que é como se fosse seu filho, o fruto da sua criatividade — precisa ficar pronto, visível, palpável e exibível, para que ele possa receber os elogios merecidos e necessários.

Como o leonino se percebe um ser único e íntegro, capaz, portanto, de criar como Deus, ele estende este conceito às outras pessoas e espera delas o mesmo que é capaz de fazer, daí ter certa dificuldade em entender as deficiências dos demais, desenvolvendo uma tendência a achar que muita gente poderia estar fazendo melhor do que faz: se considera no legítimo direito de distribuir conselhos, tomando ares um tanto paternais, que nem sempre são bem recebidos.

Leão é também o signo do lazer. O leonino quer se divertir, achar tudo o máximo, um barato. Por isso muitos deles adoram os brilhos, tudo o que chama muito a atenção, que é lindo, um choque, um escândalo. Leão ama a vida e a beleza, mas não simplesmente a beleza estética, as formas equilibradas, e sim a beleza de um gesto, de um sentimento, de uma ação, de certas palavras. Ama tudo o que emociona, tudo o que é, mesmo por breves instantes, tocado pelo Divino, lembrando o mundo dos deuses.

O lado B dos leoninos e leoninas se resume em tentar brilhar a qualquer custo. Desde criança, eles contam vantagens: "Sou o máximo, sou o maior. Meu pai tem um carro muito melhor do que o seu. Minha mãe é muito mais bonita. A minha casa é a melhor do mundo!" Depois, ele aprende a se defender da ironia, e pode se tornar um capacho das pessoas que admira; ou, por outro lado, torna-se tímido e dedica-se a matutar vinganças terríveis... para quando for o presidente da República ou o rei do mundo!

Se é um adulto mal sucedido na vida (isso, segundo sua própria opinião), Leão pode se tornar extravagante, aquele cara que convida os amigos para uma noitada e paga a conta sozinho, mesmo que esteja duro. Se todo mundo está tomando uísque, ele também vai tomar, e de preferência o melhor. Vai escolher o melhor lugar, o melhor de tudo, mesmo que isso lhe custe uma briga daquelas em casa. Aliás, muitos leoninos são considerados grandes amigos por seus amigos, mas que em casa não passam de tiranos — um mandão e um opressor que bate na mulher e nos filhos, porque estes representam o que ele considera a sua miséria, aqueles a quem atribui a causa de seu fracasso.

O orgulho é outro ponto perigoso. Sem orgulho, viramos trapos manipuláveis, mas o excesso de orgulho leva a uma exigência desmedida de si e dos outros, e também dos filhos. Este orgulho pode fazer com que o leonino esconda o pai que é pobre, a mãe que não é culta, a mulher que é feia ou o marido que é comodista. Os leoninos podem esconder sua origem caso consideram sua cidade natal pouco chique; podem fazer coisas que aumentam sua sensação de inferioridade e mentir a respeito de seus problemas.

No entanto, cultiva em si mesmo os sentimentos mais elevados, nobreza, lealdade, hierarquia e, principalmente, honra, tudo pela honra: seu coração vive no tempo das Cruzadas. Por isso, este signo é associado ao jogo e aos esportes. O pau come no mundo aqui fora, a corrupção grassa, mas, num jogo de xadrez, ele dá xeque-mate. Inapelável. Que vença o melhor!

Bem que ele gostaria que fosse sempre assim... mas o que seria das pessoas menos capacitadas? Leão é a monarquia, não a democracia — que pertence ao signo de Aquário, oposto ao seu. No mundo de Leão, a lei é respeitada: a lei do mais forte.

É tudo muito elegante no mundo de Leão. Num jogo de tênis, o vencedor aperta a mão do perdedor. Ninguém gosta de perder, mas para haver jogo, tem que haver elegância e respeito — *noblesse oblige*, desde os sa-

loons do faroeste até o nosso jogo do bicho. Ganhou, ganhou. Perdeu, perdeu. Nada de cara feia ou reclamação. A honra dos jogadores precisa ser intocável.

O equilíbrio do leonino está no coração, e é bem simples a classificação: o leonino que foi ou se sente suficientemente amado é uma estrela, como o Sol. É ouro puro. Já o que não foi, ou não se sente suficientemente amado, é como um lustre esférico de boate, com muitos espelhinhos colados: latão. É claro que, como seres humanos, mostram ora um lado, ora outro... Uma esposa leonina, que tem o marido na conta de uma múmia inútil, pode contar por aí que seu marido é poderosíssimo, que manda nela, mas faz tudo isso por amor.

Sempre do lado dos nobres, leoninos e leoninas não admitem intrusos inferiores. Daí, é um breve passo para que passem a bajular superiores ou a se vangloriar de um contato superficial com alguma pessoa mais importante, dizendo que são amigos, próximos, íntimos. Alguns são amigos até do Papa... com isso, perdem o prumo de si mesmos, do próprio idealismo.

Por isso, filhos do Sol, brilhem, sim. E deem a nós, mortais, a esperança de brilhar também! A vida só deixa de ser um punhado de atos banais, iguais, repetidos até a exaustão, se um olhar apaixonado, exaltado e até um pouco megalomaníaco de um leonino ou leonina puder elevá-la bem acima da pasteurizada mediocridade.

Sem exageros, claro. E com muito amor.

Virgem

de 23 de agosto a 22 de setembro

Virgem sabe qual é o tamanho de uma pitada de sal, isto é, os virginianos sabem reconhecer, com precisão, aquela pequena medida importantíssima que, sobrando ou faltando, pode comprometer a qualidade, ou o próprio caráter daquilo que está sendo apreciado.

Uma batata frita, para receber este nome de um virginiano que goste de comê-la, precisa preencher vários requisitos — não sei exatamente quais são, mas posso supor que simples batatas, cortadas ao comprido e lançadas numa panela de óleo fervente, depois retiradas e salgadas, não configuram a batata frita ideal do virginiano. "Não é exatamente assim...", ele dirá em voz baixa, mas com toda convicção. Sem querer ofender o cozinheiro, é claro.

Virgem é como uma antena muito sensível — que capta as mensagens do mundo com mais detalhes do que as outras pessoas. Uma virginiana que entra timidamente na sua casa espera que você lhe indique o lugar para se sentar; raramente toma a iniciativa de puxar a conversa, mas depois fala animadamente, prestou atenção em tudo. Enquanto estava calada, percebeu que você deve ter um cachorro por causa do cheiro no tapete, ou notou que seu amigo cutuca levemente o braço do interlocutor quando está falando, e, por isso mesmo, afastou-se discretamente; percebeu as várias falhas ou vícios de linguagem que todo mundo comete — "mas, sabe?"; ou então "não é? não é?"; ou "e a roupa de Madame X... muito chique, mas o salto do sapato já estava muito gasto".

"Não repare na bagunça, tá?" Ela já reparou, reparou em tudo o que podia. E pode fazer um relatório minucioso quando chegar em casa.

Tenho um amigo casado com uma virginiana, ele mesmo muito curioso, que mal espera o momento de chegar em casa para se deliciar com o relatório dela sobre tudo o que aconteceu. E não pensem que é uma história monótona que ela vai contar.. ela tem senso de humor e é extremamente crítica e sarcástica: é de morrer de rir ouvi-la contar sobre o olhar fulminante que captou da dona da casa em direção ao próprio marido, que já se excedia em elogios a uma certa convidada; ou sobre aquele seu amigo, que fuma feito uma chaminé, fazendo dos cinzeiros verdadeiras pirâmides de sujeira e fedor — ela mesma teve que limpar, já que ninguém tomava essa simples providência.

Virginianos não suportam resíduos e mau cheiro, e não se incomodam de executar o serviço de limpeza. Aliás, vem daí a fama de prestativo que o virginiano tem.

Ele é prestativo, sim, mas não movido por algum impulso generoso de seu coração, ou por um senso inato de cooperação. É ou parece prestativo porque gosta de ordem, e, além disso, acha que ninguém sabe fazer essas pequenas coisas do cotidiano melhor do que ele — ou pelo menos não do jeito que ele gosta, e que ele acha que é o mais eficaz.

"Isso aqui serve para quê?" É a primeira pergunta, formulada ou não, que o virginiano faz quando se defronta com alguma coisa nova. Porque se uma coisa é inútil, pouco prática ou fútil, ou se não leva a lugar nenhum, ele não vai perder seu tempo com ela. Se é obrigado a participar de um legítimo papo furado, o virginiano fica sarcástico o tempo todo, e às vezes ninguém nota.

Virgem é um signo inteligente e prático. É muito racional, mas também bastante intuitivo e instintivo. Por ser prático, aplica sua inteligência no dia-a-dia: sabe o tamanho de uma pitada de sal, que em nenhum livro de culinária está medida em miligramas; ou a medida exata de um determinado recipiente, porque, para que as coisas *funcionem* de verdade, é preciso considerar o ambiente onde ocorrem e as variações que nele acontecem por motivos naturais: no calor, por exemplo, a água se evapora mais depressa.

Cada boca de fogão fornece uma intensidade quase que própria de calor, e é preciso ser íntimo da matéria para saber a quantidade certa de água com que regar uma planta nas diferentes estações do ano... Daí ser o virginiano o inventor do "jeitinho", vejam só, um signo tão purista usando o "jeitinho"... Mas nós, brasileiros, país do signo de Virgem — nascido num 7 de setembro —, sabemos muito bem do que o "jeitinho" é capaz!

Pois, brasileiras e brasileiros, o "jeitinho" é um dom de sabedoria, e como todos os dons e dádivas, é para ser respeitado, e não manipulado, visando à vantagem de uma meia dúzia de três ou quatro sobre a galera que não tem tanto poder assim: nós mesmos.

Amor e sexo. Talvez, melhor dizendo, sexo e amor: Virgem está sempre louca para atingir a plena realização sexual. Uma virginiana sempre acha que está dando bandeira, que seu ardor pode ser notado em *zoom*, como ela o nota nos outros. Daí o seu ar meio distante, misterioso, glacial — Virgem é capaz de exibir no rosto e no corpo a errônea mensagem de que vive sem sexo, uma virgem, sempre virgem, mesmo depois de quatro casamentos e três filhos.

Sua máscara è às vezes tão perfeita que ela se mostra uma solteirona inatingível, inatacável. Mas tudo isso não passa de impressão: houve quem não acreditou em sua fachada de medusa e encontrou uma amante ardente e delicada, se bem que um pouco solitária, como as virgens deusas gregas. "Sexo é bom...", ouvimos na voz de uma virginiana. Mas "banalidade, grosseria, ansiedade e, principalmente, falta de jeito, são ruins..." Com os virginianos, algo semelhante acontece: primeiro, ficam aflitos, por não serem audaciosos como imaginam ser necessário para conquistar uma mulher; com o tempo, vão tirando partido de seu ar tímido, sutil, sempre escapando, e vão se tornando muito atraentes.

São tantos os detalhes do signo que apenas com eles poderíamos escrever vários livros, mas fica para uma outra vez...

Libra

de 23 de setembro a 22 de outubro

Libra. A balança. Tudo isso lembra medidas, não? Uma das definições para *libra* no dicionário, é: "moeda real, cujo valor variou conforme os tempos e os lugares". As demais são relativas à medida de massa ou unidades monetárias. Para *balança,* encontrei: "instrumento com que se determina a massa ou o peso dos corpos"; e também "prudência, equilíbrio, moderação".

Libra ou balança, este signo guarda, portanto, estreita relação com a *medida* — um padrão que se usa para poder comparar as coisas, que é também é um limite: não se pode ultrapassar a medida, e as regras e normas existem exatamente para isso.

Será então que o libriano vive medindo, pesando,

avaliando, equilibrando os pratos da balança, ou como um malabarista? Mais ou menos; na maioria das vezes, ele não está medindo o peso de uma barra de ferro, nem de um saco de feijão, mas coisas muito mais sutis, tais como os sentimentos humanos, os deveres e direitos de cada um dentro de um relacionamento, um comportamento que permite uma convivência sadia, a beleza, a justiça etc.

O libriano está sempre procurando a harmonia, o equilíbrio. Por isso, apara arestas aqui, tira o que está sobrando ali, completa o que está faltando. Sua intenção é promover o bem-estar, o acordo, o meio-termo. É ele aquela pessoa que chega com o cafezinho, bem na hora em que a discussão já estava tomando rumos desagradáveis, o escolhido para tentar reconciliar quem brigou ou desentravar um negócio em que nenhuma das partes está disposta a ceder mais um milímetro sequer de sua posição.

O libriano é um diplomata nato. Sabe que ninguém dá nada de graça, que sem uma troca justa não há acordo que dê certo, e que a união faz a força. Isso vale para tudo, das relações amorosas aos negócios.

Libra não gosta dos extremos. Embora seja tradicionalmente considerado um signo romântico, por ser associado ao casamento, as pessoas deste signo dificilmente se apaixonam loucamente, embora às vezes digam e pensem que sim. Preferem estar amando, como quando afirmam "estou amando", quer dizer, "estou muito disposto a construir um lindo relacionamento com essa pessoa que me agrada tanto". Os sentimentos muito extremos ou violentos, sejam de amor ou de ódio, não permitem que a relação transcorra tranquilamente.

Quando está amando, o libriano é o amante que todo mundo pediu a Deus: atencioso, cooperativo, interessado no que você faz e no que você gosta. Geralmente cede mais do que você, mas é aí que mora o perigo. Ele se dá, generosamente, como dá suas coisas, mas espera receber na mesma medida, embora não reclame todas as vezes em que se sente injustiçado. Na verdade, deixa passar muita coisa para evitar briga ou a cara feia do outro, não quer vê-lo zangado, quer que tudo pareça estar na mais perfeita harmonia, mesmo que não esteja. Então, um dia, com a maior tranquilidade do mundo — para não dizer com muita frieza —, ele lhe diz, muito civilizadamente, que está tudo terminado, e você fica sem entender nada. Mas não estava tudo bem? Sim, assim parecia, mas o libriano ocultou de você suas raivas, mágoas, desgostos e aborrecimentos. Paciência: nesses casos, dificilmente ele volta atrás.

Librianos e librianas demoram muito a tomar uma decisão, porque passam um tempo enorme ponderando todos os lados da questão. Ficam até incomodados quando têm que tomar uma decisão séria, que os envolva pessoalmente, mas, depois de decidido, raramente voltam a pensar no assunto.

Libra gosta de conhecer muitas pessoas, de estar com elas, pois assim vai aprendendo mais a respeito de si mesmo. É o conhecimento festeiro do Zodíaco, a pessoa que gosta de promover reuniões, saraus, festas — para se divertir, mas também para saber com quem poderá contar, quando precisar de uma ou outra ajuda. O libriano é sempre amigo da pessoa que tem os convites para um evento especial; tem um amigo advogado, conhece pessoas que conhecem pessoas, que formam uma rede informal de ajuda mútua. Pode-se dizer que é interesseiro? Eu não diria isso: é alguém que sabe unir o útil ao agradável.

São muitas vezes acusados de fúteis, por manterem

relações meio superficiais com as pessoas certas. Não seja por isso: alguns librianos são fúteis, sim, mas apenas os que se sentem desvalorizados, os que por um ou outro motivo se apegam às aparências como sendo o maior bem que possuem. Aí, seu orgulho passa a limitar-se à festa que ofereceram, a mais farta e elegante da temporada, às roupas que compraram um dia em Paris, à sua amizade com um deputado qualquer e coisas assim. São librianos que há muito perderam o senso de equilíbrio.

O libriano tem um apurado senso estético, precisa de beleza ao seu redor. Detesta as coisas feias, as palavras feias, as atitudes feias, os sentimentos feios.. Sua casa é geralmente agradável ao olhar, suas roupas são adequadas ao seu tipo físico e ao seu ambiente social; ele sabe instintivamente o que combina com o quê. Muitas vezes opta por alguma profissão ligada ao campo das artes.

Não são muitos, porém, os librianos que se ocupam com a estética de seu mundo interior. Como já disse, muitas vezes preferem negar suas partes feias, e nesse caso não exercem seu senso de diplomacia consigo mesmos: são tiranos da beleza.

Entretanto, quando se dedicam à procura do equilíbrio interior, através da aceitação de seus defeitos, tornam-se um exemplo da moderação, tolerância, paz interior e prudência. Até hoje, só conheci uma pessoa que me parece plenamente equilibrada, em todos os sentidos: é um simpático senhor do signo de Libra.

Escorpião

de 22 de outubro a 21 de novembro

Houve um incêndio num prédio, todos gritando, arrancando os cabelos, pensando nos filhos, começando a rezar, a se arrepender de todos os seus pecados, sem conseguir respirar: "Socorro, socorro!"

No meio do caos, alguém permanece frio, impassível, com a cabeça funcionando a mil, os olhos com uma expressão dura, de dar medo. Já avaliou a temperatura do ambiente, a quantidade de gases tóxicos, quais as saídas possíveis. Em frações de segundo, decidiu se vai descer, subir ou tropeçar, se atirar por uma das janelas. Sua mente está concentrada apenas no que interessa para sair daquela situação, e para isso fará tudo o que for necessário, ajudando a quem puder e como puder: se tiver que dar um soco na cara de um amigo histérico e arrastá-lo escadas abaixo, ele o fará. Naturalmente, não se importará em rasgar sua camisa de seda nem se sentirá culpado por deixar para trás uma velhinha que poderia atrapalhar muita gente com a sua pouca velocidade de locomoção.

Na rua, antes que alguém pudesse lhe agradecer ou comentar o fato, ele já sumiu sem deixar pistas. Ficará sozinho por algum tempo, bem afastado da tragédia; e dificilmente agradecerá a Deus pelo fato de estar vivo: seu signo é Escorpião. Parece um herói de filme policial, não?

Escorpião realmente tem uma afinidade com as pessoas que vivem com a morte no seu encalço. Ele mesmo vive consciente de que a morte o persegue e pode pegá-lo como a qualquer um de nós, de repente, sem maiores explicações. Seu modo de agir e de viver derivam exatamente da consciência que Escorpião tem do fim das coisas, do seu próprio e inexorável fim: a morte. Ele sabe que ela nos ronda, implacável, irracional. Não há como evitá-la.

Um dia, tudo o que temos, tudo o que somos, deixará de existir. Ou, na melhor das hipóteses, se transformará em alguma coisa tão profundamente misteriosa que não há como sabermos qual é, como é. Consciente disso, a pessoa do signo de Escorpião costuma optar por viver e agir como o Escorpião que acabamos de descrever no caso do incêndio; ou viver sem perder tempo com frescuras — nesse caso, estamos falando de escorpioninas e escorpioninos que estabelecem para si um objetivo e nele se empenham de corpo, alma e espírito: no fundo, sabem que poderia até ser qualquer um, mas escolhem um que tenha um significado especial em sua história.

Na busca desse objetivo, Escorpião é implacável, e não há nada que o detenha. Seja qual for o obstáculo que aparecer, será transposto: tudo o que vier, Escorpião traça, comportando-se com a sabedoria da água que segue morro abaixo: não recua, não desiste diante de nada, mergulha, desvia, contorna e chega, infalivelmente, ao que lhe corresponde.

Parece até que estou descrevendo algum super-homem ou mulher-maravilha, mas conheço exemplos singelos deste tipo de Escorpião, na vida e na literatura. Quem poderia esquecer Scarlett O'Hara, no filme "E o vento levou"? Essas pessoas aceitaram o fato de não serem eternas, enquanto, ao mesmo tempo, perceberam que a vida o é. E é aí que Escorpião cresce: percebem que tememos a morte porque também tememos o mistério, o desconhecido. Há algo que escapa radicalmente do nosso controle, das nossas previsões, dos nossos padrões.

Se houvesse uma pessoa que controlasse a morte, esta seria, sem dúvida, a pessoa mais poderosa do mundo. Logo, quem puder controlar, mesmo que só um pouquinho, o mistério ou o desconhecido, já pode usufruir de uma boa parcela de poder.

Digamos que, numa festa, alguém mantém uma das mãos fechada por algum tempo. Conversa vai, conversa vem, alguém lhe pergunta o motivo, e a pessoa, em voz baixa, responde que, infelizmente, não pode revelar. Em pouco tempo, todos saberão que alguém ali carrega um mistério em sua mão fechada. "Será que é aleijado? Tem feridas? Guarda algum objeto importante?" E a imaginação voa. Todos gostariam de saber, alguns fariam qualquer coisa para saber. Todos voltam para casa excitadíssimos com aquela história: há um grande prazer em se lidar com o mistério, um prazer quase sexual.

Não é à toa que o signo de Escorpião é associado ao sexo: sem mistério não há prazer; o que é conhecido, conhecível, torna-se banal. E talvez por essa razão a sedução da virgindade ainda persiste. Por isso, escorpioninas e escorpioninos apostam tanto nas suas relações amorosas: embora pareçam sádicos, e às vezes loucos, eles querem aumentar o prazer.

A bela moça de Escorpião, de olhar magnético e movimentos naturalmente sinuosos, embora discretos, espalha uma atmosfera sensual ao redor: pode estar morrendo de tesão por alguém, mas, durante muito tempo, ela segue dizendo NÃO. Você não entende, parece que ela o quer, e seu desejo aumenta. Ela desmarca um encontro na última hora, você fica louco. E assim, vai aumentando o nível de prazer na relação. Ela está se controlando, e espera que você faça o mesmo, para escapar à banalidade do sexo sem sabor.

O sexo é cru. E nu. É um momento de verdade, onde caem as máscaras pessoais e sociais. A roupa chiquérrima fica amarfanhada, os cabelos em desalinho e os desejos mais íntimos, expostos. É o campo predileto dos escorpioninos: segredos serão revelados. A não ser por alguma tara, não se faz sexo em público. O que acontece na alcova é o segredo dos que estão envolvidos. Por isso, o sexo cria vínculos profundos entre os praticantes.

Um amigo psicanalista, com fortes traços de Escorpião, diz que não acredita em quem diz que faz sexo por fazer, sem compromisso. Ele garante que ninguém é mais o mesmo depois de uma relação sexual: ocorre uma espécie de troca de átomos, de líquidos íntimos, e isso transforma as pessoas, pelo menos um pouco. Não sei, mas me parece que a experiência sexual transcende em muito o mero prazer físico.

Este signo é também tradicionalmente associado ao dinheiro. Dinheiro é um valor mutável, e é valor de troca: compra e vende. Na verdade, dinheiro é um último recurso de sedução — na falta de apelo sexual, apelamos para o dinheiro, que compra quase tudo. Mas o escorpionino não se apega ao dinheiro para obter segurança material, para sobreviver, para sustentar a mãe velhinha. Dinheiro, para ele, significa prazer, e em último caso, ele o compra. E gosta da brincadeira, da negociação. Quanto vale uma casa? Um carro? É pouco: Escorpião quer saber quanto vale uma obra de arte, ou a dignidade de uma pessoa. Adora avaliar a honra, a tradição, valores abstratos: "Sr. Judas, troca a sua lealdade por vinte dinheiros? Não? E por trinta? Ah, então sua lealdade vale trinta dinheiros, como todo mundo sabe".

O Escorpião que não se conforma em ser mortal sente uma mágoa profunda por saber que, no final de todas as contas, vai para o túmulo e fim de papo. "Não, não, não! Isso é muito injusto!" A mágoa é profunda e irremediável, pois a morte não arreda pé; e o magoado, de qualquer tipo, não quer morrer, não aceita que há coisas além do seu controle.

Ele quer, com a arrogância do Anjo Caído, que o mundo mude, que as leis mudem, que a regra seja outra; e isso é a raiz de qualquer neurose, diga-se de passagem, um ponto onde a psique empaca. Mas, como o mundo não muda de acordo com a sua vontade, ele aceita a revolta; e transfere o seu sentimento de injustiçado para uma causa qualquer que fizer mais sentido em sua história particular: se faz parte de alguma minoria social, é para lá que sua revolta se dirige. É capaz até de pensar que por ser pobre está em minoria. Mas a pobreza é majoritária.

A turma de Escorpião é a dos atormentados, destrutivos, ultracínicos, *noires, gauches* na vida. Mas é, mesmo assim, um signo criativo; dentre os atormentados surgem exemplos geniais em todas as artes.

Outro tipo de Escorpião é o revoltado radical: não vai ficar, feito um cordeiro de sacrifício, esperando a morte inevitável. Em vez disso, ele mesmo se mata.

Escorpião é um signo de passagem: é a crise existencial propriamente dita, a oportunidade que todos temos de transcender nossos limites materiais e desistir de tentar, infantilmente, controlar o mundo. Transcender é encontrar a liberdade: aceitar a vida como ela é e nela confiar, cegamente. Mas agora já estamos falando do próximo signo: Sagitário.

Sagitário
de 22 de novembro a 21 de dezembro

"Quero acreditar que no fundo de todo amargo tem uma gota doce", diz Sagitário, aquele que sempre acha que vai dar certo. E ele não diz isso porque é um bobo alegre, não, a inteligência é uma de suas maiores qualidades — ao lado do bom senso, do otimismo, da confiança na vida... Que signo esperto!

Nem tanto. Tem a mesma inocência dos outros signos de fogo, Áries e Leão. Sagitário, porém, transcendeu a morte, simbólica ou verdadeiramente. Não são raras as histórias de sagitarianas e sagitarianos que quase morreram... mas estão bem vivos e alegres por aí.

Sagitário confia no desconhecido. Intuitivamente, sabe que tudo não termina onde parece terminar. Tem mais, ele garante. Acredita tanto nisso que, muitas vezes, se torna um viajante, como Marco Polo, recolhendo as mensagens mais longínquas do mundo, os modos e maneiras de outros países, de outras culturas. Por isso, sua mente é liberal, e seu julgamento, benevolente.

A moral e os bons costumes variam tanto de uma cultura para outra! Entre os esquimós, é de bom-tom oferecer a própria esposa para um visitante, junto com a comida e com tudo o mais. Aqui, se alguém oferece sua esposa para um visitante, este vai ficar, no mínimo, desconfiado. Vai ver que ela tem algum problema...

Mesmo quando não viaja em pessoa, o sagitariano viaja com a cabeça. Sua mente associa a lógica à inspiração e ao bom senso, criando uma inteligência poderosa, fonte primordial da sua vaidade. Sagitarianas e sagitarianos são vaidosíssimos, convencidos de sua capacidade mental e todo o resto: se acham o máximo.

Seu pensamento vai longe, isso é verdade. Sua empolgação e seu entusiasmo fornecem combustível suficiente para que ele olhe o futuro com um otimismo quase infantil, vendo nele mil possibilidades, mil saídas, mil oportunidades. Então Sagitário faz mil planos, e, generosamente, vai contando tudo para todo mundo.

Muitas vezes, as pessoas aproveitam suas ideias mais do que ele mesmo, e por isso fica conhecido como aquele cara que fala mais do que faz... Daí sua vocação para agir como professor, mesmo que o magistério não seja a sua profissão. Muitas vezes, o sagitariano é para seus amigos uma espécie de mestre, de conselheiro. Está sempre disposto a ajudar. Ora, se você está enrolado com um problema que está lhe consumindo os neurônios, é porque não sabe como um japonês o teria resolvido. Sério! E quando os planos são frustrados, Sagitário diz: "Furou, mas olha, já tenho outro plano fantástico, que surgiu na minha cabeça agora mesmo!"

O sagitariano gosta de falar. E como fala! Com toda franqueza, vêm por aí alguns problemas: sua franqueza excessiva pode ofender, e sua sinceridade escancarada choca uns e outros, principalmente quando ele é sincero a respeito de si mesmo. Seu belo discurso, ininterrupto — ele não deixa ninguém falar — pode fazer com que seus ouvintes se sintam diminuídos e desprestigiados. Por isso, este signo costuma fazer inimigos radicais e se tornar alvo de duras críticas.

Sagitarianos e sagitarianas, graças a Deus, têm muito senso de humor. São aquele tipo de pessoa que pode estar passando pelas maiores dificuldades, mas está rindo delas e de si mesmo o tempo todo. O sagitariano é o primeiro a rir quando escorrega numa casca de banana! Seu senso de humor nasce de uma capacidade específica de projetar o pensamento no futuro.

Pense em alguém, numa sexta-feira à noite, subindo a serra para se livrar do calor e das responsabilidades aqui embaixo. Está ansioso para chegar, ver os amigos, o namorado, a namorada, e tomar uma sopa bem quentinha, olhar o céu aberto... Aí, o pneu fura; e está chovendo. "XYZ! Não é possível!" Sai do carro, com seu casaco de couro sintético, e começa a fazer patéticos sinais pedindo ajuda. Nada. Ninguém. Quer chutar o carro, xingar todos os palavrões que conhece. Mas aí, se opera a mágica do senso de humor: Sagitário projeta seu pensamento no espaço e no tempo e consegue se ver, como que a se observar do alto, junto aos deuses. *Que situação, meu amigo... Todo molhado, pedindo ajuda, com cara de otário. E daqui a pouco, vai ter que se sujar com um pouco de graxa, vai suar um pouquinho, chegar atrasado... Isso, se o estepe também não estiver furado!* E cai na gargalhada, diante de sua triste figura.

Nós, seres normais, até poderíamos achar isso engraçado, mas só muito tempo depois, quando estivéssemos contando a façanha para os nossos amigos — depois de um tempo, tudo fica muito engraçado. O sagitariano, no entanto, ri ali, na hora.

Sagitário detesta tristeza, mas às vezes fica superdeprimido por um longo tempo, se, por exemplo, foi ferido em sua vaidade ou orgulho. Aí, pode se tornar grosseiro, um cavalo, mesmo. Tem ataques de raiva, mas, apesar de seu tamanho, da plateia e do teatro, prefere gritar a partir para a agressão propriamente dita. O que importa é que grite mais alto do que todo mundo.

Mencionei o tamanho. Nem todos os sagitarianos são altos, mas muitos, sim, fazem aquele tipo grande e bonachão. De qualquer forma, quando se fala de Sagitário tudo é grande. Sua disposição expansiva não tolera nada que seja mesquinho, pequeno, obscuro, econômico. Não se pode ser avarento quando se pretende o progresso, o desenvolvimento, o crescimento! O sagitariano tende para os excessos em geral. Sua busca de liberdade, às vezes, ultrapassa os limites do bom senso que ele tanto preza!

Pois é, sagitarianas e sagitarianos são comprometidos com a virtude e a justiça, que são medidas do comportamento humano. Sabemos que o radicalismo pode deformar tanto uma quanto outra, mas o excesso de benevolência também é um perigo! A falta de rigor consigo e com os outros pode levar à injustiça e à corrupção: é tanto "cabe mais um" que, no final, vale quase tudo.

Na juventude, a pessoa de Sagitário tende a ser muito rebelde. Afinal, ainda são muitos os obstáculos a vencer, e sua posição é de poucos recursos — para fazer qualquer coisa, tem que se submeter a regras injustas e esquemas opressivos. Então, ele luta como um leão pela liberdade. Mais tarde, com alguns quilos a mais na barriga e dinheiro na conta bancária, tende a se tornar um bom burguês, identificado com a nobreza — a que ele, na verdade, sempre pertenceu.

Para não cair no excesso sagitariano de tentar falar *tudo* sobre este signo, vou abordar um último ponto, que me parece importante: sagitarianas e sagitarianos têm sempre um sonho na vida, um sonho grande, bem ambicioso. E vão, com todo gás, tentar realizá-lo. Esse sonho é para eles um desafio, é o que move suas vidas.

Na convivência com eles, aprendemos que nossas realizações não podem ultrapassar o tamanho do nosso sonho. Quer dizer, uma pessoa pode viver numa favela achando que um dia será a Rainha do Pagode, internacionalmente conhecida, e pode até não chegar lá, mas no caminho terá uma vida muito mais rica do que a de quem não sonhou. E há sempre a chance de realizar. Mas quem sonhou pequeno, mesmo que vivendo numa cobertura triplex à beira-mar, não irá a lugar nenhum. Sua vida será pobre, na mesma medida do seu sonho.

Não há mal algum em sonhar. Para dar tudo certo, é necessário apenas possuir a sabedoria de sobreviver às frustrações e humilhações, sempre com muito senso de humor. Quem não sabe rir de si mesmo, não sabe dar a volta por cima.

Capricórnio

de 22 de dezembro a 20 de janeiro

Capricórnio usa um crachá: "Ah, é". Ele não gosta de contar com o incerto, nem de ficar na plateia, misturado à massa, não porque possua algum dom especial, mas porque trabalhou, e trabalha, por cada pequena parcela do que possui.

Capricórnio é aquele que escolheu o caminho das pedras, onde cada passo é conquistado com o suor da sua fronte e o esforço de seus braços. Geralmente, desde criança, a pessoa do signo de Capricórnio já se defrontou com a dureza — por coincidência, sincronicidade, carma ou como resultado de seu próprio comportamento, o fato é que ela não teve moleza. Assim, aprendeu que não adianta ficar esperando que o seu desejo se realize por si só: é necessário fazê-lo acontecer. O peso dos limites da vida caiu bem cedo sobre sua cabeça.

O motivo pode ser qualquer um: ou porque era o filho mais velho, ou a filha mais nova, ou o irmão do meio. Acontece que a responsabilidade caiu sobre as suas costas e sua infância sofreu algumas restrições. Vai ver o pai era incompetente, ou a mãe, um general. Ou faziam parte da ala mais pobre da família, coisas assim. Não importa. Desde cedo, o capricorniano teve que lutar por tudo o que queria. Por isso, até hoje desconfia das coisas muito baratas, muito fáceis. Algo lhe diz que não são seguras e não têm durabilidade. "Não, não, não... o senhor está sendo muito gentil, mas eu prefiro tentar ocupar este cargo pelas vias normais, por concurso, sabe? É o meu jeito!"

Parecem modestos, não? Mas não são. *Já que tenho que trabalhar, então quero atingir o alto, o pico da montanha. E por que não? A estrada que aprendi a trilhar pode ser tortuosa, lenta, mas acabo chegando lá.*

O capricorniano tem estranhas maneiras de pensar. Por exemplo: espera sempre o pior; assim, o que vier é lucro, e não terá que amargar mais uma frustração. E por que tanto medo assim de se frustrar? Porque seu coração dói muito, a cada negação, a cada rejeição, a cada sonho despedaçado. Por isso, ele corre atrás da perfeição em tudo o que faz: uma coisa perfeita não pode ser rejeitada, ignorada, posta de lado.

No seu silêncio, Capricórnio vai se aperfeiçoando, vai aperfeiçoando seu trabalho, uma projeção de si mesmo, e por isso tão importante. Não lhe importa a paciência que for necessária, as noites de sono que ele vai perder, os bons programas que ele vai deixar de fazer: seu trabalho será irrepreensível, e ele vai extrair do mundo os louvores e a glória que merece. Enfrentará suas dores, vai amargar na solidão, para extrair de si mesmo a força, a confiança e o amor necessários ao seu crescimento como pessoa.

Olhados assim, de fora, os capricornianos soam duros; seus comentários despedaçam os sonhos dos mais românticos, e seus conselhos parecem os de um sargento do exército. Mas é para o bem, pode acreditar. Ele não quer que você perca seu tempo e energia com bobagens, como ele mesmo não gosta de perder os dele. Parecem não ter coração, impenetráveis como rochas. Ou então fúteis, falsos, sem conteúdo emocional. Dão a impressão de que subir na vida a qualquer preço é tudo o que lhes importa, ou então que estão muito satisfeitos como estão e não precisam de mais nada, ou de mais ninguém.

Eu não diria que o coração do Capricórnio é terno. Mas diria que é raro, sensível demais, guardado como um tesouro. Precisamos vencer sete monstros para roubar-lhes as sete chaves que abrem seu coração. O capricorniano não gostaria de perder muito tempo cuidando das feridas de seu coração. Os mais românticos poderiam perguntar: "Mas pode-se ter controle sobre isso?"

"Pode-se, sim", responderia o capricorniano. Basta que, como ele, a gente aprenda a suportar a dor da falta, saiba renunciar ao que nosso coração aponta como sendo o perigo. Certa vez, ouvi a viúva de um importante escritor falecido dizer que, em sua opinião, só se podia falar de amor depois de trinta anos de convivência! Pode ser um exagero, mas, para o capricorniano, o amor é um sentimento construído durante a convivência, que precisa ser suficientemente longa para que os amantes possam aprender a receber as joias ocultas no coração do outro, e a dar em retribuição suas próprias joias ocultas.

Da infância até a idade adulta, ninguém ama de verdade, falando de um modo geral. As pessoas se apaixonam, projetam no outro a imagem do amante ideal, até o ponto em que essa imagem não se sustenta, pois o outro nunca é como imaginamos; aí vem a inevitável decepção, que, hoje em dia, leva à separação e à busca de outro par, para muitas vezes repetir a mesma história, com personagens diferentes. Até que, mais tarde, a gente vai aprendendo a difícil arte de aceitar o outro como ele é; amá-lo por isso mesmo, e, claro, ser amado de volta na mesma medida.

Capricórnio, no entanto, não quer dar todas essas voltas. Por isso, muitas vezes escolhe o celibato ou se mantém preso a um casamento puramente formal para não abalar sua estrutura social e familiar — coisas muitíssimo importantes para ele. Mas isso não quer dizer que capricornianos e capricornianas não saibam amar, ou desistam do amor com facilidade. Para realizar o milagre do amor, basta que encontrem alguém com tanta paciência e disposição para trabalhar seus sentimentos quanto ele mesmo.

Capricórnio é a meta. Astrologicamente, é o signo do apogeu, assim como Áries representa o início. Representa o nosso impulso para atingirmos o máximo que for possível, dentro de nossas capacidades e de nossos recursos. E não cabem aqui considerações sobre se tais metas são melhores ou piores, mais ou menos nobres ou importantes. Uma dona de casa que atinge a sua meta com o melhor de si executou um trabalho tão valioso e tão digno de louvor quanto um cientista que terá seu nome marcado nas enciclopédias por ter descoberto a cura da AIDS.

Qualquer vida, longa ou breve, levada até o fim de suas possibilidades, é bela, atinge o sagrado. Por isso, o trabalho de cada pessoa é revestido de uma aura divina. A mãe, como numa igreja, murmura para os filhos:

"Psiu! Papai está trabalhando! Não toquem nestes papéis!" "Pode-se faltar a eventos importantes, caso se esteja trabalhando", é o lema de Capricórnio.

As religiões são sagradas na medida em que houve alguém cuja meta, cujo trabalho, se dava no altíssimo campo da espiritualidade. Mas o espírito está em toda parte, e o trabalho tem que ser feito igualmente. Por isso, o sagrado está no nosso trabalho, independente do que seja para nós o significado de religião.

Assim, Capricórnio é aquele que não para diante do primeiro obstáculo... e nem do décimo, nem do centésimo, às vezes. Não que ele tenha fé naquilo que não vê, ou que não conhece. Ele tem fé na própria experiência, no seu trabalho e no tempo. Além disso, é uma fera na luta contra o Demônio, se consideramos que o Demônio — ou demônios: "meu nome é legião" —, é tudo aquilo que nos oferece facilidades, que nos instiga à preguiça e ao desvio, que é narcótico e inebriante, no sentido de nos aliviar do cansaço e das dores de nossa luta pela vida. Capricórnio diz não a essas tentações.

Como já disse antes, Capricórnio escolheu o caminho das pedras. Como o próprio Jesus Cristo, na minha opinião um verdadeiro capricorniano, seguiu até o fim a sua sagrada meta, sem desvios. E chegou lá. Tal foi a perfeição de seu caminho que serve de exemplo para nós até hoje.

Se estamos astrologicamente presos à roda de nascimento, vida, morte e renascimento — o carma —, a saída é por cima, e pela tangente. Chegando a Capricórnio, ao fim do nosso destino, pegamos uma tangente e não voltamos mais, pelo menos, não do jeito que conhecemos. Talvez, como Jesus Cristo, voltemos novamente, num novo corpo, diferente, para viver numa outra dimensão.

Aquário

de 21 de janeiro a 19 de fevereiro

Aquariano é aquela coisa esquisita, o esquisito da história. É, realmente, algo difícil de entender. É supersimpático, doce, mas quando a gente se aproxima parece se desvanecer, parece que não há nada para se tocar. E se a gente consegue tocar em alguma coisa, é algo frio.

Como os demais signos de Ar — Libra e Gêmeos —, Aquário é um signo de comunicação e relacionamento humano, mas que relacionamento estranho... Isso, porque Aquário ultrapassou as barreiras da busca por proteção, do uso do outro como espelho para se conhecer, e várias outras em que o relacionamento tinha uma utilidade além do simples relacionamento — simples troca de experiências e de ideias, sem nenhuma outra intenção.

É o signo da amizade. *Ah, é tão bom se relacionar sem estar preocupado se o outro está carente, se ele se ofendeu, se te ofendeu, se quer o seu sangue...* Por isso, o aquariano parece frio. Nada disso cola para ele. Ele é capaz de te dar uma bronca sem te ofender, porque nada havia de pessoal no que ele te disse. Ele, como adulto, estava falando com um outro adulto, numa conversa plenamente civilizada. E não vai ficar ofendido com você tampouco, caso diga a ele algumas palavras duras. Se a coisa descambar para a intimidade, ele descamba para a loucura, que paradoxalmente é onde se defende das investidas emocionais.

É verdade que Aquário tem uma couraça. Dá sempre a impressão de que tem aquela redoma à sua volta, uma redoma de vidro, invisível, que marca o limite até onde as pessoas podem se aproximar. Lá dentro, é o seu reino.

Raramente você vê um aquariano falando de sua intimidade. Se for necessário, ele diz que é tímido, e se for você a lhe falar de suas próprias, ele escuta, com um simpático sorriso. Depois, ou não diz nada, ou faz uma brincadeira, ou diz que você não devia se preocupar com nada daquilo — fala rápido como um raio, para já mudar de assunto.

É a pessoa que menos provoca briga. Aquário detesta confusão, é sempre meio alheio, imune, tem algo asséptico a protegê-lo das coisas mais pegajosas da vida. Pode mostrar que você não está agradando em poucas palavras, ou com um ato, sem compromisso: não é para te ferir, nem para te ofender, te tocar ou comover, é só para te mostrar a que veio.

Em sua necessidade de independência, foi o aquariano quem inventou essa história de "dar um tempo".

"Espera aí que eu vou dar um tempo", isso, quando avisa, porque às vezes nem avisa, simplesmente some, vai embora. É capaz de entrar numa festa, não falar com ninguém e ir embora sem ser notado. E ninguém fica ofendido.

Aquário detesta a promiscuidade, a intimidade excessiva. E é capaz de exóticos malabarismos para acabar com uma onda desse tipo. Também detesta que lhe digam como ele é. Aí, faz questão de mostrar lados que a audaciosa pessoa não conhece — e podem ser os mais feios possíveis: ele pode começar a arrotar, ficar inconveniente, dizer ou fazer montanhas de loucuras, o que é ainda pior. Depois, volta ao normal. Aliás, ele sabe melhor do que ninguém que poder tem o inesperado, o inusitado.

Uma aquariana amiga minha viajava de ônibus interestadual por este nosso Brasil. Suas duas filhas pequenas estavam juntas num banco duplo, e ela num outro, ao lado. No meio da noite, um tarado começou a tentar boliná-las. Assim que essa amiga percebeu, ficou de pé e acendeu as luzes. O homem se levantou e, acuado, começou a xingá-la com palavras de baixo calão, proferidas com ódio. Ela apenas apertou-lhe o antebraço e disse, com firmeza: "Cale a boca!". O homem se calou e saltou do ônibus na primeira oportunidade. Garanto que por essa, ele não esperava! Podia esperar histeria, briga, choro, mas não um "cala a boca" bem colocado: o inesperado tem o poder de paralisar a ação e transformar o ambiente.

A esta altura, já deu para perceber que "democracia" é um termo bem aquariano. Todos são adultos, têm os mesmos direitos e deveres. O aquariano percebe que não é uma pessoa isolada no mundo, apesar de ser único em sua peculiaridade. Por isso, não é difícil encontrá-lo em meio a grupos ligados às questões sociais, levantando a bandeira da igualdade, liberdade e fraternidade. Para ele, como deveria ser para nós todos, não se deve devastar a terra que nos nutre, pois não é espoliando um grupo mais fraco que conseguiremos um desenvolvimento real. Nisso, ele é muito sério: o desequilíbrio social e ambiental ameaça a todos os seres humanos. E, apesar de se considerarem superiores, devido à sua visão mais aberta e ampla, os aquarianos respeitam a todos. Amam a humanidade, porque fazem parte dela.

O signo de Aquário é contra os chefes, contra dominantes e dominados, simplesmente porque isso cria entre as pessoas barreiras muito difíceis de transpor, destruindo a possível fraternidade, tão necessária nos dias de hoje. Eu diria até que, caso os poderosos não percebam a necessidade de união e, para isso, abram mão de seus pobres e medíocres poderes, naufragaremos todos.

Estamos entrando na Era de Aquário. Assim, os valores deste signo se tornarão mais nítidos e serão elevados, como já estão sendo. Pelo lado melhor e pelo pior. Pelo melhor lado, a propaganda, que é aquariana, trata de chamar a atenção para a questão da coletividade: a ecologia ganha espaço, e mesmo as mentes mais fechadas começam a aceitar que é necessário distribuir o leite das crianças de sua tribo, junto ao de outras tribos, para as populações mais carentes. Pelo pior, tudo está ficando muito frio, muito aquariano. Tratamos dos assuntos humanos assepticamente, olhando monitores de computadores, com todos aqueles números frios. Incentivamos a autossuficiência, como que prevendo uma grande solidão futura: robôs, solidão e tecnologia avançada, é o que vemos nos filmes. E violência, muita violência, ultraviolência nas relações mais próximas, dentro das pequenas comunidades.

A violência faz parte do mundo oculto do aquariano. A ideia é que deve ser feito tudo o que for necessário pelo bem comum, mesmo que seja necessário destruir. O amável aquariano pode ter ideias estarrecedoras para melhorar a qualidade de vida do planeta, e sem o menor pudor, é claro. Se a corrupção é incontrolável, ultraviolência nela!

Num nível mais pessoal, o aquariano tende a ser muito radical na juventude. Seu espírito transformador pode querer enfrentar um sistema corrupto e podre com terrorismo, bombas e crimes anônimos. As pessoas não o interessam. Interessam os fatos. Amadurecido, o aquariano é muito engraçado. Tem um senso de humor desconcertante e dá vazão à sua criatividade do modo mais artístico. Com suas manias, Aquário sempre será um artista de vanguarda, cada vez mais ligado aos destinos da sociedade onde vive. É um cidadão. E, hoje em dia, até para quem não é aquariano está difícil manter-se alheio...

Peixes

de 20 de fevereiro a 20 de março

Peixes já está de saída: sendo o último signo do Zodíaco, é como aquela pessoa que foi a uma festa, comeu, bebeu, paquerou, conversou, viu as pessoas fazerem a mesma coisa, e agora está cansado, meio alto, louco por uma boa cama para descansar. Mas, de repente, misteriosamente, como nos seus sonhos, a festa recomeça. A casa está vazia, toda limpa e arrumada, os anfitriões ansiosos, esperando pela chegada dos convidados. Pasmo, sem entender nada, o pisciano pensa: *Mas eu já vi esse filme!* Logo entende que não tem apelação, vai ter que viver tudo novamente.

O pisciano já nasce velho. Observando bem as crianças de Peixes, podemos nos surpreender várias vezes com seus comentários subitamente carregados de sabedoria. Em outras, notamos que demonstram inusitada condescendência para com os adultos, como se fossem eles os mais velhos. Parecem saber distinguir com precisão um assunto sério de uma banalidade. Desde cedo, não conseguem ver alguém triste sem tentar consolar, quase sempre sem palavras, mas com carinho e um belíssimo olhar de compreensão. Os piscianos, aliás, costumam ter olhos magníficos, senão belos, encantadores: parecem um plácido lago profundo.

Das emoções humanas, parece saber tudo, conhecer todas. Tudo o que sentimos parece encontrar ressonância em seu coração. Que coração grande! Nele cabe desde a emoção ansiosa de uma adolescente, que vai encontrar o seu primeiro namorado, até o tormento que vai na alma de alguém que acabou de cometer um crime hediondo. As emoções que geralmente rejeitamos, e que não admitimos que existem em nós mesmos, Peixes aceita, daí sua verdadeira falta de preconceito. Quem é ele para julgar alguém que agiu de uma forma que ele mesmo talvez agisse um dia, naquelas circunstâncias?

Um pisciano de verdade jamais fará parte do coro dos que rejeitam certas pessoas por sua cor, sua religião, por sua maneira de pensar ou de vestir, por sua preferência sexual. Ele sabe que cada ser humano é um universo inteiro, complexo, mutante. Quem é ele para julgar uma pessoa, se sabe que mal conhecemos as nossas emoções e pouco sabemos lidar com elas? O pisciano, aliás, é muito curioso para saber como é o interior das pessoas — o interior e o exterior.

Peixes quer saber como vivem as pessoas, como reagem, como sentem, como amam, como odeiam, como se conformam. E sua curiosidade se dirige principalmente àqueles que não fazem parte integrante do seu ambiente social. Por isso, de vez em quando, vemos um pisciano conversando com um mendigo, batendo papo com um travesti ou um Hare Krishna. Mas sua curiosidade não é puramente analítica, não está pesquisando seres humanos exóticos. Ele deseja, sinceramente, viver um pedacinho daquela vida que não pode viver integralmente. Claro, não teria tempo de ser todas as pessoas do mundo; por isso, muitos escolhem o teatro; e mesmo que não sejam atores por profissão, são atores na vida.

Mais do que os outros signos, Peixes precisa de uma *persona,* uma personalidade que usa para viver neste mundo, já que poderia viver de dádivas, como um vagabundo. Embora alguns piscianos façam esta opção, significando que não abrem mão de seu mundo particular, outros preferem viver a aventura que é a vida interior. Então, criam a sua *persona* e vão em frente.

Piscianos não são levianos. Levam muito a sério o seu papel, que pode mudar algumas vezes no decorrer da vida. Mas sua verdadeira identidade mantém-se secreta, até para ele mesmo. E todo pisciano possui a sua fortaleza, também secreta, seu mundo particular de sonhos e fantasias, onde brinca e trabalha com as suas emoções.

Aqui fora, procuram ao máximo se parecer às pessoas comuns. Embora tudo para ele seja muito relativo, embora tenha muita dificuldade em escolher coisas para si — porque toda escolha lhe parece certa e errada ao mesmo tempo —, embora não dê muita importância aos valores mundanos, vemos piscianos e piscianas seriamente empenhados em ganhar dinheiro, subir na vida, sendo agressivos e competitivos, correndo atrás de metas importantíssimas e não tendo tempo para nada. Uma pisciana pode defender a sua família com o mesmo critério duvidoso de uma canceriana, se achar que isso faz parte do seu papel.

Há, porém, piscianos e piscianas que consideram este mundo mais hostil do que podem suportar; estes dão um jeito de escapar do amontoado de imperfeições e injustiças, e não abrem mão de viver num mundo perfeito, que só existe em sua imaginação. Não toleram frustrações nem limites, e nesse grupo estão os drogados, os parasitas, os pequenos marginais, os iludidos em geral. Às vezes, em sua desilusão, encontram alguém ou algum grupo que os convence de que estar com eles é estar com Deus — levar uma vida completa, emocionante e romântica. Então passam a segui-los como seus ídolos, e de tal maneira tentam se identificar com eles que correm o risco de perder a nitidez da própria identidade. Nestes casos, paradoxalmente, podem se tornar fanáticos religiosos, marginais perigosos ou qualquer tipo de inocente útil.

Existe outro grupo que não aceita imperfeições em si mesmo — o dos piscianos atormentados, que lutam contra os próprios sentimentos hostis e pensam que estes são a causa de seu sofrimento ou de seu fracasso na vida. Passam então a lutar desesperadamente para serem bons, e vão criando um inferno psíquico para si. Sofrem muito, até descobrirem o milagre do perdão. Assim, conseguem perdoar a si mesmos e aos outros, relaxar e aprender que nenhum erro é um pecado mortal, que é possível consertar tudo. Basta, para isso, ter-se a humildade de perceber que errou.

Na Era de Peixes, que está terminando, toda a humanidade viveu este dilema de estar entre o bem e o mal, tendo o homem a obrigação de ser bom para evitar o terrível castigo do inferno. O bem era o bem-estar psíquico, o estar em paz consigo mesmo; e o mal, o mal estar psicológico causado pela culpa de não ser perfeito, de não ser como Deus. O advento da Psicanálise, já no fim dessa

Era, lançou uma luz sobre estas questões, demonstrando que havia muito dos nossos sentimentos e emoções, dos nossos desejos, que desconhecíamos, de cuja existência sequer suspeitávamos, mas que atuavam sobre nós— interferindo nas nossas ações e derrubando a ideia de que qualquer dificuldade se cura com a força de vontade.

Só agora é que os piscianos, e todos nós, começamos a penetrar no mundo misterioso da emoção e da fantasia, e a nele timidamente dar os primeiros passos. Mas, graças a Deus, sob o olhar oceânico das pessoas de Peixes, o mundo da fantasia parece não ter fim. E mistério sempre há de pintar por aí...

PARTE III
PLANETAS

Capítulo 3 - A influência dos planetas

Como já vimos, os signos representam as diferentes energias em ação durante um ciclo completo. Os planetas representam desdobramentos do Sol, centro do sistema, como as cores que surgem a partir da luz solar refratada. São como filhos do Sol, girando em torno do corpo celeste que (provavelmente) lhes deu origem e lhes serve de referência em seu giro pelo espaço, fornecendo energia para que se mantenham vivos.

Comparando o ser humano ao sistema solar, ou seja, comparando o sistema humano ao solar, podemos deduzir no corpo a função que corresponde à função daquele planeta, já que qualquer sistema está sujeito às mesmas leis cósmicas.

A cada signo é associado um planeta, que é dito seu regente, por ter afinidade com ele. Assim, seguem abaixo os signos e suas regências:

Áries ⇨ Marte	Libra ⇨ Vênus
Touro ⇨ Vênus	Escorpião ⇨ Plutão
Gêmeos ⇨ Mercúrio	Sagitário ⇨ Júpiter
Câncer ⇨ Lua	Capricórnio ⇨ Saturno
Leão ⇨ Sol	Aquário ⇨ Urano
Virgem ⇨ Mercúrio	Peixes ⇨ Netuno

Cada planeta pode ser associado a uma *sephirah* da Cabala ou a um deus greco-romano. Pode-se estudá-lo durante uma vida toda sem que se esgotem seus significados. Antes de abordá-los, gostaria de esclarecer que não cabe nas intenções deste livro discutir em profundidade a natureza íntima do arquétipo que cada planeta representa. Estamos aqui para um primeiro contato com a Astrologia, uma iniciação, uma primeira apresentação.

Como os planetas são muito importantes, não deixaremos de apresentá-los, informando qual função cada um deles aciona em nós, as facilidades e dificuldades com as quais teremos que lidar quando um deles for proeminente em nosso mapa astrológico ou quando estiver em especial ressonância conosco em algum momento da vida. Vamos a eles.

SOL — Sua função é promover a autoconsciência e autoexpressão, através da criatividade.

Aspectos positivos: alegria, nobreza, beleza, sorte, autoexpressão, vitalidade, iluminação, vontade, dignidade, autoridade, caráter reto, orgulho.

Aspectos negativos: vaidade, orgulho excessivo,

ostentação, opressão dos mais fracos, tirania, presunção, suscetibilidade a críticas.

LUA — Regularizadora das nossas funções psíquicas através da memória e do esquecimento.

Aspectos positivos: equilíbrio emocional, imaginação ativa, geradora de mitos, ligação com o passado e com a mãe, receptividade, praticidade, simpatia pelas massas, instinto de proteção. Dá importância à infância, às crianças e às mulheres; compreende o mundo feminino.

Aspectos negativos: instabilidade de humor, reclamações, resmungos, banalização de tudo, passividade, cautela em excesso, negatividade, tendência a caprichos, choro e chantagens sentimentais, falta de cuidados básicos com a alimentação, vestuário e higiene.

MERCÚRIO — Sua função é promover a reflexão intelectual, pensar, formar a inteligência, associar, comparar, comunicar, falar.

Aspectos positivos: inteligência, adaptabilidade, facilidade de comunicação (seja falando ou escrevendo), colher e distribuir informações, capacidade de aprender, animar, agitar, divertir e brincar, tendência ao movimento do corpo.

Aspectos negativos: nervosismo, inquietação, inconstância, indecisão, mentira, fofoca, maledicência, astúcia, amoralidade, tendência a ser uma eterna criança, irresponsabilidade.

VÊNUS — Sua função é estabelecer relacionamentos, buscar harmonia, atrair as outras pessoas, promover bem-estar e conforto.

Aspectos positivos: capacidade de amar, obter prazer e satisfação, gosto pelas boas coisas da vida, importar-se com a boa aparência e com as boas maneiras.

Aspectos negativos: preguiça, irresponsabilidade, dependência exagerada, parasitismo, comodismo, entreguismo, não querer fazer nenhum esforço. Sedução para obter o que quer, tendência à luxúria.

MARTE — Função de estabelecer e defender o próprio espaço existencial, reagindo às invasões, lutando e enfrentando os inimigos. Dirigir a agressividade e dar a noção de mais fraco e mais forte. Impulso para agir e obter o que deseja. Impulso sexual.

Aspectos positivos: energia, ação, coragem, competitividade, desejos fortes, paixão, liderança, iniciativa, intensidade.

Aspectos negativos: intolerância, impaciência, agressividade, violência; acha que tudo pode ser resolvido pela força; injustiça, tendências criminosas ou autodestrutivas.

JÚPITER — Sua função é o crescimento e a expansão da personalidade e da vida. Cria o sonho que queremos realizar.

Aspectos positivos: noção de moral e justiça, senso de humor, otimismo, entusiasmo, sensatez, sabedoria, benevolência, generosidade, tendência a conservar e defender o bem comum. Traz facilidades e oportunidades. Promove o relaxamento.

Aspectos negativos: excessos, exageros, corrupção, autoindulgência, vaidade excessiva, autoritarismo, insistência em sonhos impossíveis.

SATURNO — Sua função é mostrar os limites da vida neste mundo. Ensina a suportar as frustrações e a dor. Visa ao aperfeiçoamento do ser humano.

Aspectos positivos: interiorização, autoaperfeiçoamento, meditação, trabalho, disciplina, força para enfrentar as duras provas da vida, ambição, submissão ao destino e aceitação da dura realidade. Perseverança e paciência. Desejo de silêncio e calma. Concentração, circunspecção. Responsabilidade. Senso de dever.

Aspectos negativos: pessimismo, solidão, afastamento das pessoas, bloqueios emocionais, frieza, crueldade, egoísmo, infelicidade, não enxerga um palmo adiante do nariz; teimosia, desconfia de tudo e de todos e os considera irresponsáveis. Depressão, escurecimento de ideias.

URANO — Sua função é trazer a liberdade através de uma ação contundente ou um acontecimento inesperado, nos mostrar que não somos apenas um número na massa, temos uma peculiaridade que nos distingue de qualquer outra pessoa.

Aspectos positivos: traz a revolução, descartando o que está obsoleto. Inspiração, ideias-relâmpago, genialidade, criatividade mental, mudança drástica, pensamento original, livre de todos os padrões. Liberta-nos do passado, dá gosto por tudo o que é novo, diferente, original. Desejo de saber do futuro. Cria ideologias políticas, faz questão de originalidade.

Aspectos negativos: arrogância, revolta, anarquia, desrespeito às regras; cria marginais conscientes, excentricidade, ansiedade, loucura. Torna o homem destruidor, pervertido, escandaloso, ultraviolento, extremista.

NETUNO — Sua função é despertar em nós o desejo de completude, paz, união com Deus e boa vontade entre os homens. Espiritualidade.

Aspectos positivos: espiritualidade, fé, amor ao próximo, compreensão, bondade, desprendimento dos valores materiais. Dá mediunidade, percepções extrassensoriais, gosto pela música e pela arte; faz os demais entrarem em contato com o mundo dos sonhos e da fantasia, libera em nós emoções arcaicas. Traz intuição, hipersensibilidade, capacidade renunciar, de transcender limites e a condição humana.

Aspectos negativos: confusão, dissolução, caos, medo, desespero, insegurança. As coisas escapam do controle. Tendência a se drogar ou a escapar de outras maneiras. Neurose, descontrole emocional, desconsolo, desilusão, autoimolação, sentimento de ser um estrangeiro que não é bem-vindo. Sentimento de culpa. Autopunição.

PLUTÃO — Sua função é trazer à tona o que estava oculto, reprimido, e mandar para as profundezas ou para a morte o que já cumpriu a sua função. Função de limpeza e eliminação de resíduos nocivos

Aspectos positivos: profundas transformações interiores, capacidade de administrar poder, compreender a sexualidade, frieza de raciocínio, intensidade, capacidade de penetrar em qualquer submundo, interesse pelo lixo, pela escória. Capacidade de atravessar as trevas interiores e renascer.

Aspectos negativos: obsessões, violência, morte, fim, traz experiências definitivas. Sadismo, sensação de falta de tudo. O nada. A solidão absoluta. Suicídio, terrorismo. Angústia, náusea, sentimento de absurdo.

Capítulo 4 - Mapa astrológico: o momento do destino

O mapa astrológico é como uma fotografia do céu visto da Terra, no momento e no lugar de um nascimento. Inclui também a parte que seria invisível, a que estaria neste momento abaixo do horizonte.

O pequeno círculo no centro do mapa representa a Terra. O grande, em torno deste, representa o Zodíaco, com seus doze signos.

A linha mais ou menos horizontal representa o horizonte do nascimento, e geralmente corta o que chamamos Signo Ascendente, pois estava ascendendo no horizonte naquele momento: é como se estivesse "nascendo" junto com a pessoa. A partir do ascendente, são determinadas doze novas divisões, chamadas "Casas", que representam os principais setores da vida, além de situarem o acontecimento celeste no contexto terrestre. O assunto a que cada casa se refere guarda estreita analogia com o signo que lhe corresponde na ordem da divisão do Zodíaco em doze. A primeira casa, por exemplo, corresponde à natureza do signo de Áries, que é o primeiro signo, e assim por diante.

A ordem dos signos é a seguinte: Áries, Touro, Gê-

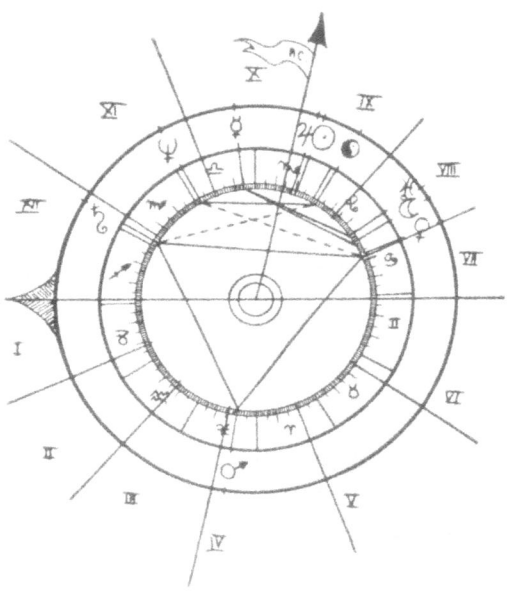

meos, Câncer, Leão, Virgem, Libra, Escorpião, Sagitário, Capricórnio, Aquário e Peixes.

Vejamos, resumidamente, que setores de nossas vidas estão representados por cada uma das doze casas:

CASA 1: personalidade. É a maneira como a pessoa vai reagir aos estímulos do mundo externo; tipo físico; determina o modo como a pessoa vai apresentar sua primeira reação diante dos fatos; gostos, preferências.

CASA 2: posses, bens, patrimônio, prazeres terrenos, necessidade de conforto e estabilidade, dinheiro adquirido pelo próprio esforço.

CASA 3: comunicação, fala, escrita, estudos, pequenas viagens, vínculos familiares, irmãos, irmãs, parentes, intelecto e inteligência; informações que não são adquiridas através do estudo, mas são captadas na rua, na escola, no trabalho.

CASA 4: casa, lar, raízes, passado, mãe, infância, velhice, família, vida íntima e pessoal, emoção.

CASA 5: diversão, lazer, criatividade, arte, filhos, teatro, romances, autoexpressão, exibição, formação do ego.

CASA 6: trabalho, saúde, empregados ou subalternos, chatices do cotidiano, aprendizado prático, capacidade de servir.

CASA 7: relacionamentos, casamentos, sociedades comerciais, relação com o outro em geral; estabelecimento do que será a própria família; inimigos e rivais, conselheiros, médicos, psicanalistas.

CASA 8: propriedades e bens em comum, heranças, negócios, manipulação de poder, sexo, morte; mistérios.

CASA 9: estudos superiores e viagens longínquas, moral, código pessoal de valores, religião, línguas estrangeiras, o estrangeiro; sonhos e aspirações.

CASA 10: ambições, elevação social, a carreira ou

profissão, posição social, *status,* senso de disciplina e imagem social.

CASA 11: desenvolvimento pessoal através da discussão e comunicação das próprias ideias, influência sobre a sociedade, amigos, associações de grupo, clubes, sindicatos.

CASA 12: misticismo, busca espiritual, desprendimento das coisas materiais, sacrifícios, doenças, escapismo, busca da paz.

Ao analisar um mapa astrológico, lidamos principalmente com os signos, planetas, casas mundanas; e também com a disposição e o relacionamento existente entre eles. Muitas pessoas não se identificam tanto com a descrição de seu signo solar, já que muitos outros fatores contribuem para o modo de ser peculiar de cada indivíduo e as tendências de seu destino, os quais, aliás, guardam estreita conexão. Não somos escravos da disposição planetária, muito pelo contrário, nós é que construímos o nosso destino, usando as nossas tendências pessoais da maneira que nos aprouver.

Assim, um tímido virginiano pode ter nascido com Urano, planeta revolucionário e surpreendente, junto ao seu ascendente, que pode estar no signo de Sagitário. Então, se o ascendente recebe essas influências e reage às investidas do mundo, construindo assim a personalidade, este virginiano poderá parecer um sagitariano excêntrico que às vezes fica vermelho ao ser elogiado em público. Manterá, entretanto, a facilidade de aprender o mecanismo das coisas práticas típica do signo de Virgem; será crítico e observador e, essencialmente, vai preferir que as coisas estejam organizadas.

Analisar um mapa astrológico é desvendar um mundo misterioso que vai se revelando aos poucos, através de analogias, deduções e sínteses que podem se desenvolver de maneira quase infinita. Claro que, além disso, é preciso muita imaginação e inspiração. Parece difícil? É. Mas com bastante treino, a gente vai se aperfeiçoando.

Capítulo 5 - O mistério dos relacionamentos humanos

Será que o meu signo combina com o seu? Acho que, depois de tudo o que já vimos até aqui, sabemos que a nossa afinidade não vai depender só da harmonia entre os nossos signos solares.

Tradicionalmente, os signos foram classificados de três maneiras principais:

— Masculinos ou femininos: os masculinos são os de tendência ativa ou direta, e os femininos são os de tendência receptiva.

— Cardeais, fixos e mutáveis: os cardeais são os impulsionadores; os fixos são os que resistem à mudança e estabilizam; e os mutáveis são os adaptáveis, móveis, variáveis.

— De fogo, de terra, de ar e de água: os de fogo são os entusiastas; os de terra são os práticos; os de ar são os intelectuais e de comunicação; e os de água são os emocionais.

É claro que as classificações acima são supersimplificadoras, mas podem ser bastante úteis numa interpretação.

Assim, costumava-se dizer que os signos do mesmo elemento eram os mais afins. Então, Áries se dava bem com Leão e Sagitário (fogo). Os de mesma polaridade (masculino ou feminino) tinham chances, e os de mesma qualidade (cardeal, fixo e mutável), também. Tudo isso faz certo sentido. Parece razoável que pessoas de natureza emocional tenham mais afinidade com outras que também tenham uma natureza emocional. Porém, como o nosso signo solar expressa apenas uma parte de nós — muito importante, é verdade —, para ver se há afinidade com o mapa astrológico de outra pessoa, e que tipo de afinidade é essa, temos que considerar todo o mapa astrológico.

Tomemos dois mapas como exemplo. Ela é aquariana com ascendente em Aquário e a Lua em Capricórnio. Ele, um virginiano com ascendente em Sagitário e a Lua em Leão. São casados há mais de dez anos e se dão muito bem. Vejamos alguns dos motivos.

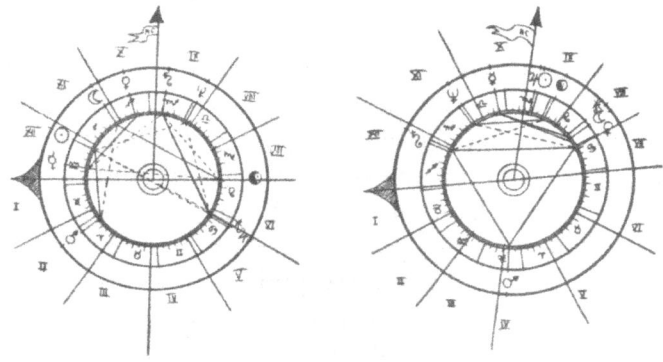

A Lua dela, em Capricórnio, se transportada para o mapa dele, estaria na casa 1. Então, podemos dizer que ele compreende a emoção dela, um tanto formal e contida, porque ele mesmo apresenta um pouco dessa contenção e formalidade em sua própria personalidade. Não fosse assim, ele poderia se sentir rejeitado, pois expressa de maneira muito mais expansiva a emoção através de sua Lua em Leão e de seu ascendente em Sagitário, ambos signos expansivos e demonstrativos.

O Sol dele, em Virgem, se transportado para o mapa dela, estaria na casa 7, que representa o outro, o parceiro, o sócio, o cônjuge. Então, é como se ele a atraísse para um relacionamento de parceria, em que ela mantivesse íntegra a sua identidade (Sol) num fundo virginiano, quer dizer, unidos através do trabalho e da organização da vida cotidiana. Pode-se dizer até, romanticamente, que para ela ele é como um Sol, que lhe traz vitalidade e alegria através do relacionamento a dois.

O Vênus dele está oposto ao Sol dela, o que causa uma atração que é, ao mesmo tempo, um desafio. O Vênus dela está no mesmo signo (Sagitário) que o ascendente dele, fazendo com que um sinta bem-estar na presença do outro. Mas como ela está na casa 12 dele, lugar que pode ser de sofrimento e renúncia, ou de misticismo e paz, isso indica que para ela o relacionamento exigiu certa dose de renúncia ou até algum sofrimento, ou que tem relação com misticismo ou religião. E por aí vai.

Em geral, há mais indicações de afinidade do que de hostilidade, e eles podem dizer que combinam um com o outro. Mas nada disso poderia assegurar que viriam a se casar, ou sequer que seriam namorados. Essas coisas, o destino mantém em segredo. dadas as circunstâncias, eles puderam se aproximar e resolveram se casar. Mas se um morasse aqui e o outro na China, talvez nunca tivessem se conhecido.

A análise de dois mapas indica muita coisa, mas não determina nada. Uma pessoa pode ter seu Sol em harmonia com a Lua de outra, o que é um grande indicativo de afinidade. Mas e se o Saturno de um está sobre o ascendente do outro? É provável que sintam uma afinidade íntima, como se já se conhecessem, mas um deles nunca vai se sentir completamente à vontade na presença do outro, sempre se sentirá silenciosamente criticado ou repreendido, pois Saturno, planeta repressor, está em ressonância com o ascendente da pessoa que se sente pouco à vontade.

Conheço uma mulher que passou grande parte da vida se julgando completamente incompetente para escrever qualquer coisa, até mesmo um bilhete. Seu Mercúrio, no misterioso e caótico signo de Peixes, estava, porém, em destaque no seu mapa. Certa vez, travou amizade com um rapaz que escrevia muito, e que passou a lhe escrever cartas. Ela, para corresponder a atenção, passou a respondê-las. A partir daí, percebeu que escrevia bem, e que até tinha gosto em fazê-lo. Passou a escrever poesias (Peixes é um signo muito romântico), e escreve até hoje.

No mapa dele, Júpiter também estava em Peixes, e no mesmo grau que o Mercúrio dela. Júpiter, como já vimos, é um planeta cuja ação é expansiva, gera crescimento e desenvolvimento. Podemos dizer, então, que ele estimulou a expressão intelectual dela.

Já deu para perceber que é muito difícil julgar se um relacionamento entre duas pessoas tende a ser bom ou ruim, do ponto de vista astrológico. Mas podemos entender as facilidades ou dificuldades que temos com essa ou aquela pessoa. Como sempre, a Astrologia atua para esclarecer, e não para determinar.

Se você, leitor, gostou do que escrevo, é provável que tenha afinidade com a minha maneira de pensar, com os assuntos que me interessam e com o meu estilo de trabalho. Terá perdoado falhas e imperfeições, e terá achado tudo ótimo. Se não, os motivos podem ser variados para este livro ter sido posto de lado logo nas primeiras páginas. Alguns dirão (espero que poucos): "Não gostei, porque é mesmo ruim!" Não serei eu a julgar. Mas o que é ruim? E a gente até gosta do que é ruim quando tem afinidade! E não gosta do que muita gente diz que é bom quando não nos harmonizamos com aquilo.

Portanto, o convido para me acompanhar. Você é bem-vindo nas minhas aulas, no meu consultório, no meu site, na minha página no Facebook. Como também serão bem-vindos seus comentários e impressões. Até lá! Fique em paz!

Esta obra foi composta em Minion 11/13,1.
Impressa com miolo em off set 75g e capa em cartão 250g,
por Createspace/ Amazon.

www.ingramcontent.com/pod-product-compliance
Lightning Source LLC
Chambersburg PA
CBHW071301040426
42444CB00009B/1817